Friedrich Wilhelm Bruckbräu

Humoristischsatyrischer Vexirspiegel von München

Friedrich Wilhelm Bruckbräu

Humoristischsatyrischer Vexirspiegel von München

ISBN/EAN: 9783744671217

Hergestellt in Europa, USA, Kanada, Australien, Japan

Cover: Foto ©ninafisch / pixelio.de

Weitere Bücher finden Sie auf **www.hansebooks.com**

Humoristisch=satyrischer

Vexirspiegel

von

München.

Von

Dr. F. W. Pikant.

München.
Louis Finsterlin.
1863.

Vertheidigung der Crinoline. *)

Heißerspähte,
Abgenähte,
Aufgeblähte,
Angekrähte,
Vielgeschmähte,
Nothgelieh'ne,
Weitgedieh'ne,
Stets beschrie'ne,
Nie verzieh'ne
Crinoline!
Mit der kühnsten Heldenmiene
Meinen Handschuh werf ich hin e,
Daß als Ritter ich dir biene;
Weh dem Gegner, der erschiene!
Solch ein Haupt der Harlekine,
Der modernen Paladine,
Wär' im kürzesten Termine,
Wie zermalmt von der Lawine,
Nur mehr klägliche Ruine!
Wer zu kämpfen keck sich brüstet,
Komm' herbei, ich bin gerüstet!

---

*) Crinoline heißt im französischen Handel: Roßhaarzeug, auf gut Deutsch auch Cage (Käfig); die Franzosen sagen: Panier oder Jupe à baleine, auch bouffante, Reifrock, Fischbeinreifrock.

Das vollkommenste Meisterstück weiblicher Schönheit ist die gnidische Venus, welche der Meißel des Praxiteles, eines der größten Bildner vor mehr als 2000 Jahren, dem erstaunten und entzückten Griechenland hingezaubert hat, so schön, und so hochgeschätzt von den Einwohnern von Gnidus, der Vaterstadt des unsterblichen Meisters, daß sie dieselbe dem Könige Nikomedes nicht verkaufen wollten, der doch alle Schulden der Stadt, welche eine bedeutende Summe betrugen, für diese Bildsäule geboten hatte. Die Gnidier versäumten diese Gelegenheit, eine Schuldentilgungsanstalt entbehrlich zu machen; wahrscheinlich hielten sie es auch für besser und klüger, ihre Schulden gar nicht zu bezahlen, wie noch heut zu Tage viele Schuldner, ohne gerade geborene Gnidier zu sein.

Diese gnidische Venus war mit lächelndem Antlitze dargestellt, wie so eben aus dem Bade oder dem Meere hervorgestiegen, unbekleidet, aber mit einer moralischen Richtung ihrer linken Hand.

Praxiteles schuf auch eine coische Venus, welche von unten bis an die Hüfte verhüllt war, und diese Verhüllung soll, nach der Schilderung noch unbekannter Schriftsteller des classischen Alterthums zu urtheilen, eine auffallende Aehnlichkeit mit unserer modernen Crinoline gehabt haben, woraus die später gereifte Ueberzeugung des weltberühmten Bildners klar zu ersehen ist: „daß selbst eine Venus ohne Crinoline unmöglich schön sein könne."

Von dieser Ansicht war auch Apelles durchbrungen, der Fürst der Maler von Altgriechenland, welcher alle früheren Maler durch unnachahmliche Anmuth, Reinheit, Eleganz und Auswahl der Formen verdunkelte. Alexander der Große schätzte ihn so hoch, daß er nur ihm erlaubte, sein Bildniß zu verfertigen, und ihn oft in seinem Atelier besuchte. Eines Tages erblickte dieser König darin eine Maschine, die ein biergesinnter Münchener sofort für ein Zehneimerfaß gehalten hätte.

„Ist dieß eine Nachahmung des Bauches des trojanischen Pferdes?" fragte Alexander.

„Nein, Sire," antwortete Apelles, „es ist das Modell einer Crinoline, in die ich das Untergestell der Venus zu stecken gedenke, die ich so eben male, und deren Kopf ich in wenigen Tagen vollenden werde."

Alexander der Große war so entzückt über diese Crinoline, daß er sich ein Lagerzelt von gleicher Form und Größe anfertigen ließ, worin er oft mit seinen Unterfeldherren Kriegsrath hielt.

Diese Thatsache ist in einer von den drei Abhandlungen über die Geheimnisse seiner Kunst zu lesen, welche Apelles geschrieben hat, und die noch zu Plinius Zeiten bekannt waren.

Leider erlebte Apelles nicht mehr das Glück, das höchste Meisterstück seiner Kunst zu vollenden: „Venus in der Crinoline;" denn nach dem letzten Striche am Kopfe der Göttin, machte ihm der Tod einen Strich durch die Rechnung mit einem Striche durch sein Leben, und kein späterer Maler wagte es, das Fehlende zu ergänzen.

Die gnidische Venus des Praxiteles war nur eine große Sardelle, eine Art von Bügelbret mit Kopf, Armen und Füßen. Venus wollte aber in ihrer vollkommensten Schönheit dargestellt sein, und brachte deßhalb dem großen Bildner eigenhändig vom Olymp, dem heidnischen Himmel, herab ihre Galatracht, die Crinoline, welche sohin heidnisch-göttlichen Ursprunges ist. Die Göttin Venus saß persönlich dem Apelles, als er ihren Kopf malte, und vermuthlich hat sie ihm einige Verbesserungen ihrer Crinoline angerathen, wodurch es erklärlich wird, daß Alexander der Große bei dem Anblicke dieses Modells in Entzücken gerieth.

Der Lebensmagnetismus und die Crinoline waren schon vor mehr als 2000 Jahren bekannt, scheinen aber bald in Vergessenheit gerathen zu sein, wenigstens wußten die römischen und griechischen Damen leider nichts von der Pracht der Crinoline; das unsterbliche Verdienst, sie wiedererfunden zu haben, gebührt der vertrauten Freundin des Königs Ludwig XIV. von Frankreich, Athenais von Montespan, welche vor den Augen aller Welt zu verschweigen wünschte, was ihr der König zweimal anvertraut hatte. —

Dieser Klugheit huldigten auch zu den Zeiten der tugendhaften Marquise von Pompadour unter dem bekanntlich exemplarisch sittenreinen Könige Ludwig XV. zahlreiche Damen aus innerer Nothwendigkeit.

Die großen Vorzüge der Crinoline müssen

jedem Unbefangenen in die Augen springen, wenn auch sie selbst zu groß ist, um darin bequem Platz zu finden.

Die Crinoline ist nämlich:
1) **mythologisch**, weil sie, wie schon nachgewiesen wurde, „heidnisch-göttlichen" Ursprunges ist;
2) **moralisch**, als Bollwerk der Tugend zur Verhinderung oder wenigstens Erschwerung jeder unerwünschten Annäherung, und deßhalb bei den Männern eine so verhaßte Mode;
3) **industriell**; die Fabriken in einen blühenden Zustand versetzend, welche Zeug, Bänder, Stahl u. s. w. zu den Crinolinen liefern, den Wallfischfang befördernd wegen des Fischbeins, und Näherinnen beschäftigend, die sonst am Hungertuche nagen müßten, im Falle sie so glücklich wären, ein solches Tuch zu bekommen;
4) **culturhistorisch**; die Crinolinen befördern durch ihren fabelhaft-schönen Umfang aus Mangel an Platz die ohnehin schon erfreulich-fühlbare Uebervölkerung, und sohin die Auswanderung in andere Welttheile, um diese mit den thatkräftigsten Elementen der deutschen Einigkeit, und mit dem Wunder der Crinoline, im Falle es unglaublicher Weise noch irgend ein Land geben sollte, worin die Damen nicht schon von ihr umschlungen wären, zu beglücken;
5) **ökonomisch**, weil die Damen durch das

Tragen der Crinoline sehr viel Waschgeld für die durch sie entbehrlich gewordenen weißen Unterröcke ersparen; aus gleichem Grunde sieht man jetzt auch schon weibliche Kinder in ermäßigten Crinolinen spazieren zappeln; den sparsamen Frauen und Töchtern dürftiger Familienväter kann daher diese reizende Mode nicht dringend genug empfohlen werden; —

6) politisch; die Crinoline verbirgt den Späheraugen manche Gebrechen des Wuchses, schmale Hüften, krumme Beine u. s. w., und erleichtert den schleppförmig=langen Kleidern die glückliche Lösung der doppelten Aufgabe, von vorne bescheiden zu verbergen, daß so viele weibliche Wesen auf einem großen Fuße leben, und von hinten die opfermuthige und unentgeltliche, tägliche Mitwirkung zum Straßenkehren Jedermann dankeswürdig sichtbar zu machen.

Seit mehr als 30 Jahren sind Kenner zu der Ueberzeugung gekommen, daß beide Menschengeschlechter, das männliche und weibliche, besonders in den Hauptstädten, immer schwächer, immer verkommener werden. Da muß die Kunst der Natur unter die Arme greifen, wodurch eine veredelte Natur entsteht. Ein Lebehoch der Politik der Crinoline! So manche junge, dürre Herrchen, mit dem unentbehrlichen Zwicker im blöden Auge, stecken ihre Spindelbeine mit komischem Erfolge in Pluderhosen, die im Grunde nur Anfänge von Crinolinen sind. Warum tragen sie nicht lieber gleich vollständige Crinolinen, zu denen sie nicht weniger berechtigt sind, als zum Tragen von Shawls, die doch auch zu den weiblichen Kleidungsstücken gehören? Ferner auch

7) praktisch; denn die Crinolinen sind zugleich ein sehr nützliches Hausgeräth als tragbare Schränke, in welchen die Damen alle Geheimnisse ihres Standes sicher aufbewahren können; leider jedoch mangelt ihnen bis jetzt die doch so wünschenswerthe Eigenschaft, im Feuer unversehrt zu bleiben, wie die feuerfesten Geldschränke der Kapitalisten. Jenen großen Chemiker lieb' ich, dem es gelingen wird, die Crinolinen unverbrennlich zu machen; er wird die Unsterblichkeit der beklagenswerthen Opfer feuerfangender Crinolinen theilen, denen keine Zeit mehr übrig blieb, zu ihrer Rettung in's Wasser zu gehen. Friede der Asche jener Crinolinen und ihrer Trägerinnen!

*

„Es liebt die Welt, das Strahlende zu schwärzen,
Und das Erhab'ne in den Staub zu zieh'n."

Schiller.

Dieses Loos ist auch dem Erhabenen der Crinolinen zugefallen. Im langweiligen Madrid erhielten die Damen im Jahre 1816 die Erlaubniß, bei Hofe ohne Reifröcke zu erscheinen, weil „die

Reifröcke der Eleganz überaus ungünstig, und eher eine Last als eine Zierde seien."

Diese Verirrung des Schönheitssinnes ist wahrhaftig über die Möglichkeit!

Im Grunde war diese Erlaubniß nur ein maskirtes Verbot, und zwar von den traurigsten Folgen, da fünf der jüngsten und schönsten Damen des hohen Adels sich deßhalb blind geweint haben, wie einst die Gemahlin des Herzogs und Gegenkönigs Friedrich des Schönen von Oesterreich, und zwei Andere im eigenen Thränenstrome ihres untröstlichen Schmerzes ertrunken sind.

Eine solche Verfügung, die Jedermann spanisch vorkommen muß, wenn er auch nicht weiß, daß sie in Madrid geboren wurde, ist dort nicht mehr zu befürchten, seitdem eine hochedle Vollblutspanierin, die schöne Eugenie, als Kaiserin auf dem französischen Throne in einer Riesencrinoline sitzt, die den ganzen prächtigen Thronsaal zu überschatten vermag.

Wie an dem gewaltigen Panzerschiffe Monitor, sind bisher alle Vollkugeln männlichen Spottes, Hohnes, sammt allen Zangengeburten des Witzes und den wüthendsten Angriffen, illustrirt und nicht illustrirt, an den Crinolinen spurlos abgeprallt, und sämmtliche Feinde liegen jetzt beschämt, kampfesmüde, zurückgeschlagen und ausgelacht in ihrem Lager auf der faulen Bärenhaut.

Die Essenz aller dieser Angriffe liegt in der Behauptung:

„Die Natur ist die Quelle aller Schönheiten,

und die Dame das Meisterſtück der Schöpfung; ſie ſoll ſchlank ſein, — nämlich die Dame, nicht die Schöpfung, die beinahe kugelrund iſt, — und wäre die Crinoline ſchöner, als die Schlankheit, ſo würde die Natur den weiblichen Kindern, ihren Töchtern, die Gabe verleihen, mit einer Crinoline geboren zu werden."

Unſinniges Geſchwätz einer den Verſtand verblendenden Wuth, die gar keinen Begriff hat von einer durch die Kunſt veredelten Natur, von Perrücken, gefärbten rothen oder grauen Haaren, von Schminke, von Augengläſern, künſtlichen Zähnen, Händen und Füßen u. ſ. w.!

Das erinnert mich an den wüthenden Jacobiner im Nationalconvente zu Paris zur Zeit der erſten franzöſiſchen Revolution, der ſeine blutrothe Rede mit den Worten ſchloß:

„Gelänge es einem Tyrannen, uns die erkämpfte Freiheit wieder zu rauben, ſo würde ich mit eigener Fauſt mir meinen Kopf vom Rumpfe reißen, und ihn dem Tyrannen mit den Donnerworten entgegenſtrecken: „„Sieh, Tyrann, ſo ſtirbt ein freier Mann!""

Wenn jede Dame ein Meiſterſtück der Schöpfung iſt, ſo macht ein ſteinaltes, zahnloſes und tiefäugiges Mütterchen, der Schöpfung ein ſauberes Compliment.

Schweigen wir von dem Unſinne der Crinolinenfeinde, die ſich ſogleich bekehren, ſobald ſie wittern, daß eine Crinoline ein Vermögen von 20 bis 100,000 fl. und darüber verhülle; oft reichen schon einige tausend Gulden für sie hin, eine Crinoline mit ihren schmachtenden Bewerbungen zu belagern.

Dem hochherzigen, und bekanntlich höchst uneigennützigen England war es vorbehalten, den Werth der Crinoline anzuerkennen. Die Direction der englischen Industrie-Ausstellung von 1862 war der ehrenden Ansicht, daß die Trägerin einer Crinoline eben so viel Werth besitze, wie zwei Damen miteinander, die keine Crinolinen tragen, und gewährte deßhalb jener die Auszeichnung, das doppelte Eintrittsgeld bezahlen zu dürfen, eine wohlverdiente Ehrenbezeigung, welche auch die galanten Directionen der Bühnen und Eisenbahnen, ohne die brennend-theilnehmenden Wünsche der öffentlichen Meinung zu mißachten, den charmanten Crinolinen nicht lange mehr werden versagen können.

Und somit schließe ich meine Vertheidigung der Crinolinen mit dem Zurufe aus Schiller's Don Carlos:

— „Ich habe
Das Meinige gethan, thut ihr das Eure!"

Das heißt: „Lasset einst über meinen jungen Grabhügel eine marmorne Crinoline wie einen steinernen Glassturz stülpen, die Inschrift in Fischbein- oder Stahlbuchstaben enthaltend:

Dem großen Vertheidiger
aus Dankbarkeit
die großen Crinolinen.

Lebet wohl und unbesorgt! Euch kann Niemand tödten, als die allmächtige Damenweltbezwingerin, die Pariser=Mode, die dieß schon öfter gethan, aber bereuend euch immer wieder zu neuen Siegen in das Leben zurückgezaubert hat, so daß ich zuversichtlich hoffen darf, ihr werdet, kurze Urlaubsreisen abgerechnet, unsterblich fortleben auf Erden!

Die Erziehung

hat nun größtentheils alle Zöpfe der Zopfzeit glücklich abgeschnitten oder ausgerissen.

In der Zopfzeit gab es noch Kinderstuben, in welchen die Kinder unter Aufsicht den ganzen Tag über verweilten, lernten, spielten, aßen und tranken. Da gab es nur kindliche Gespräche; sie blieben bescheiden und folgsam. Erst mit 16 bis 17 Jahren durften sie bei den vorsichtigen Gesprächen ihrer Eltern mit Verwandten und Freunden anwesend sein, ohne jedoch sich einzumischen, oder ungefragt Aeußerungen zu machen.

Dieser Zopf hat aufgehört zu sein.

Jetzt sind die Kinder schon Erwachsene, ohne erwachsen zu sein. Die Eltern sind so zärtlichliebend, daß sie ohne ihre Kinder gar nicht leben können, die von 5 bis 6 Jahren an bereits alle Familienzustände kennen, durch Anhören, Mitsprechen, Ausforschen und Nachfragen mit Dingen bekannt werden, deren Wissen sie füglich noch 10 Jahre lang entbehren könnten. Nach dem Fortschritts=systeme muß man jedoch sobald als möglich aus Kindern — Leute machen.

Die Lehrer und Lehrerinnen in den Schulen streuen dann den Samen guter Lehren auf den Sandboden des Zweifels; die Zöglinge sind schon selbstdenkend; sie prüfen Alles, und behalten — nichts. Doch keine Regel ohne Ausnahme! Fünfzehnjährige Fräuleins behalten recht gut, was sie in lustigen Lustspielen von der Bühne herab hören: wie man Liebschaften anknüpfen, Liebes=briefchen empfangen und erwiedern muß, um Eltern, Onkeln, Vormündern ꝛc. ein Schnippchen zu schlagen. Das ist sehr gut, da die hoffnungsvollen Fräulein dadurch die nöthige Anweisung erhalten, wie sie es anzustellen haben, um weder ihre Familien noch sich selbst in vorkommenden Fällen in Verlegenheit zu bringen.

Fünfzehnjährige Söhne werden durch eine strenge Gymnasialdisciplin für Wissenschaft und gute Sitten präparirt, damit sie, nach den vier Jahren der ausgestandenen Disciplin, als Muster=Jünglinge die Universität beziehen können. Wie alles Gute seine Gegner findet, so wird auch jene strenge Dis=ciplin getadelt, zunächst weil sie keinen naturgemäßen stufenweisen Uebergang zur unbedingten Freiheit des Universitätslebens beliebt hat.

„Das ist gerade so," behaupten die Gegner, „als wollte man nach einer Augenoperation die

Augen dem Eindrucke des Sonnenlichtes preisgeben, anstatt sie durch Schirme vor demselben zu schützen."

Allein solche Augenschirme, welche sie vor jedem schädlichen Lichte bewahren sollten, trugen sie ja ohnehin schon.

Die ganz pfiffigen Gegner sagen: „Als England den Negersclaven in seinen Colonien die Freiheit gab, ordnete es eine fünfjährige Uebergangszeit an, um die Negersclaven nach und nach zum Vollgenusse der Freiheit vorzubereiten, der ohne jene Beschränkung von den traurigsten Folgen gewesen wäre."

Dieser vorgehaltene Spiegel ist unpassend, weil er die Farben nicht unterscheidet: die Negersclaven sind ja Schwarze, und die Gymnasisten sind Weiße!

Das Gymnasial-Absolutorium ist der Zauberschlüssel, der den jahrelang Disciplinirten das goldene Thor des Tempels der Freiheit öffnet, welche sie als classisch Gebildete sofort mit dem Liede unsers großen classischen Dichters Schiller begrüßen:

„Ein freies Leben führen wir,
„Ein Leben voller Wonne!"

Leute aus der Zopfzeit ärgern sich über zehnjährige Jungen, welche mit bleichen Gesichtern Cigarren rauchen, sollte auch das Dutzend derselben nur 3 kr. kosten. In vielen Gegenden Mittel-Amerika's fangen die Kinder das Rauchen schon mit 4 bis 5 Jahren an, ja selbst kleinern Kindern steckt man, wenn sie schreien, eine Cigarre in den Mund, und beschwichtigt sie auf diese Weise. Die zärtlichen

Mütter bilden sich ein, daß ihre Säuglinge nicht besser beruhigt werden können, als wenn sie denselben einen Gegenstand geben, den sie selbst für die größte Delikatesse halten.

Nicht selten hört man ein vermeintlich unartiges und vorlautes Kind naseweis schmähen; wird jedoch dieses zusammengeklebte Wort getrennt, so kommt die Wahrheit zum Vorschein, das wohlverdiente Lob, daß solche Kinder eine Nase haben und weise sind.

Seit Aufhebung der zopfigen Kinderstuben hat die vortreffliche Erziehung unserer Jugend so unerhörte Fortschritte gemacht, daß es bald gar keine Jugend mehr geben, dann aber auch von nachtheiligen Einwirkungen auf dieselbe nicht mehr die Rede sein wird.

Villeggiatura

ist ein italienisches Wort, und bezeichnet den Aufenthalt auf dem Lande zum Vergnügen, ohne dabei an eine Jahreszeit gebunden zu sein, welche uns Münchnern unsere Sommerfrische vorschreibt, die uns aber nicht hindert, je nach Umständen auch einer Frühlings- oder Herbstfrische den Hof zu machen, wobei man jedoch gestehen muß, daß alle diese drei Frischen miteinander noch bei weitem nicht der Frischheit einer Winterfrische gleichkommen.

Zweifüßige Zugkräfte, die ganze Woche hindurch

an den Geschäftskarren gespannt, sind am Sonntage, wenigstens Nachmittags 2 Uhr, ausgeschirrt. Seit der eisernen Zeit der Schienen sind die einst viel verhöhnten sogenannten Sonntagsreiter sammt ihren Mähren abhanden gekommen; die Eintags= oder Halbtagsfreiherren dampfen nun mit Zeit= und Gelderſparniß nach Großhesselohe, oder nach Pasing, Planegg, oder wohl gar nach Starnberg an den See, der die ſchonende Eigenſchaft besitzt, keine andere Seekrankheit zu veranlassen, als jene der Wirkungen ſelbſt verſchuldeter abnormer Magenzustände.

Die dort zur Sommerfriſche angeſiedelten Damen machen täglich die ſorgfältigſte Toilette, wie in der Hauptſtadt, was ich aus zwei Gründen billigen muß, erſtens: damit ſie nicht aus der Uebung kommen, und zweitens: weil es für viele Damen eine gebieteriſche Nothwendigkeit iſt, immer geputzt zu ſein, um gefallen zu können.

Es gewährt eine Zwillingsluſt von Stadt und Land, in den Schatten der ſieben Quellen oder irgend einer Waldung, mehr oder minder hübſchen Damen zu begegnen, die zu ihrer Erholung auf dem Lande ſind, und in engen Schnürleibchen unter der ſeidenen Franſenmantille, in der weiträumigen Crinoline ſteckend, ein mit den niedlichſten Blumen ausgeputztes Hütchen von Seidentüll auf dem Kopfe, so leicht und behaglich Luft ſchöpfen, wie ein gefangener vierpfündiger Karpfen, der schon ſeit einer halben Stunde am Ufer ſeiner feuchten Wiege auf ſeine Verſetzung in die Küche wartet.

In der nämlichen zum Landleben, und insbesondere zum Pflücken von Erdbeeren und Heidelbeeren, auserlesen bequemen Tracht, ist auch manche jüngere, sichtbar hektische Dame unter ihnen, mit einem leichten Rosenwölkchen auf jeder Wange, mit zarter Hand, so durchsichtig wie chinesisches Porcellan. Sie ist ärger geschnürt, als dieß ein gastgeberischer Schnürmeister zu thun vermöchte, und zwar aus verständiger, löblicher Vorsicht: damit nicht durch unbeschränktes Einathmen der stärkenden, ihr Blut verbessernden Seeluft, ihre Lunge zu sehr angestrengt werde.

Die beliebten Fische des Starnbergersee's, die Renken, sind eigentlich Vögel, nämlich Lockvögel für die Münchener, die oft im Herzensdrange ihres Gaumens bloß ihnen zu Liebe nach Starnberg kommen. Für jene, die diesen Ausflug in der Frühlingsfrische wagen, schalte ich hier die wohlmeinende Bemerkung ein, daß im Frühjahre im Starnbergersee die sogenannte Laube oder Lauge in großer Menge mit den gewöhnlichen Renken gefangen wird, und statt dieser unter dem verführerischen Namen „Mairenke" aufgetischt werden kann, was im Grunde nichts zu sagen hat, wenn der Essende die Mairenke (alburnus lucidus) nur in dem süßen Wahne speiset, daß sie eine wirkliche Renke (salmo) sei.

Ich erinnere mich noch gut einer längst entschwundenen Zeit, die ich nicht näher bezeichnen mag, damit meine schönen Leserinnen mich nicht irrthümlich für einen alten Griesgram halten, wo in ganz

Starnberg kein Fischlein zu bekommen war, da=
gegen genug auf dem Freitagsfischmarkte in Mün=
chen. Um sich den Fischgenuß bei dem kgl. Fisch=
meister zu Possenhofen oder Ambach zu ver=
schaffen, bedurfte es einer eigenen, amtlichen, schrift=
lichen, versiegelten Ermächtigung eines Fischmeisters
an den genannten Orten. Mit einer solchen er=
schien eines Tages eine kleine Gesellschaft vornehmer
Herren und Damen in Possenhofen. Der kgl.
Fischmeister daselbst öffnete ehrerbietig das amtliche
Schreiben, und las:

„Dem Vorzeiger dieß sind Fische nach Bedarf
gegen Bezahlung der taxirten Preise zu verabfolgen,
aber ungekocht."

Das ist eine Thatsache, die ich der Mittheilung
eines Theilnehmers von hohem Range zu verdanken
habe, der jetzt ohnehin keine Fische mehr essen könnte,
weil er schon lange gestorben ist.

Der Fischmeister, als ein Mann von gesundem
Menschenverstande, wußte sich zu helfen, und sagte
lachend zu der staunenden Gesellschaft:

„Befehlen Sie, welche Fische und wie viel Sie
wollen; ich werde sie Ihnen nach Vorschrift un=
gekocht geben, und meine Alte wird sie Ihnen nach
Belieben kochen."

Und so geschah es auch.

Etwas Gleichzeitiges und Originelles darf ich
hier nicht verschweigen, einen edlen Charakter=
zug ganz roher Renken.

An einem herrlichen Freitage, ein Tag, der
bekanntlich zu den Unglückstagen gezählt wird,

wollten mein Freund und ich einen Juniausflug nach Starnberg machen, und weil wir die Fisch=losigkeit seiner Ufer kannten, kauften wir Morgens 5 Uhr auf dem Fischmarkte vier Pfund Renken, die wir, in ein mit Burgunderessig stark benetztes Tuch eingewickelt, in eine große Botanisirbüchse zu zwei Portionen Schinken steckten, von denen jede nur so groß war, wie das Tänzerinfüßchen einer halb gewachsenen Elephantin.

Hierauf begaben wir uns über Fürstenried, Buchendorf und Leutstetten, ein anmuthiger, schattiger Weg in Waldesgrund, in unserer Natur=equipage nach Starnberg, und schifften in einem bescheidenen, sogenannten „Einbaume," dessen ur=altes Geschlecht wohl bald dort gänzlich aussterben wird, nach der Villa Leoni, der damaligen Vier=jahreszeitenfrische des Hoftheaters, dessen Per=sonal der Oper, des Schauspieles und Balletes zu jeder Jahreszeit dort sich einfand, um bei dem gemüthlich=geselligen Ehepaare Leoni, das auch gerne bereit war, in zarter Schonung schwindsüch=tiger Börsen eine Zeche bis zu einem x=beliebigen Gagentage ohne Betragserhöhung anzukreiben, einige vergnügte Tage zu verleben. Die Theatergäste waren da am willkommensten; sie trieben sich herum, wie Kinder des Hauses, zu denen ich als Journalist gleichfalls gerechnet wurde.

Nun wieder zu meiner Geschichte!

Wir waren Mittags eben mit unseren bereits geschilderten Schinkenportiönchen fertig geworden, und zündeten unsere Cigarren an, die damals noch keine Insassen von München waren, aber als Pfuscher weit köstlicher dufteten, als seitdem sie sogar das Bürgerrecht erhalten haben. Da trat hinter der Villa hervor ein Ausflugquartett, bestehend aus zwei ältlichen Herren und zwei jungen schönen Damen, in auserlesener Toilette, zwei gallonirte Bedienten hinter sich, einer großen Gondel entstiegen.

Einer von diesen Herren im schwarzen Oberrocke, trug auf der linken Seite einen funkelnden Stern, und der Andere im Knopfloche an einer kleinfingerbreiten, goldenen, ciselirten Leiste, sieben Ordenskreuzchen, unfehlbare Zeichen der Vornehmheit. Während der „Stern" mit den beiden Damen in einer Nebenlaube Platz nahm, trat sein Gefährte rasch in die Küche, gleich rechts vom Eingange in die Villa, und bestellte ein möglichst ausgezeichnetes Mittagsessen mit recht vielen Fischen, besonders Renken.

„Excellenz," erwiederte Frau Leoni mit einem tiefen Knixe, „ich bedauere unendlich, Ihnen keine Fische verschaffen zu können."

„So will ich sofort an den Fischmeister von Possenhofen um Fische schreiben; er darf sie mir nicht verweigern."

„Eine vergebliche Mühe, Excellenz! Vor anderthalb Stunden trank eine Gesellschaft bei mir Café, die dann nach Seeshaupt gefahren ist, um heute über Weilheim auf den Peissenberg zu kommen. Sie zeigten mir eine amtliche Ermächtigung an den

Fischmeister von Possenhofen zur Verabfolgung von Fischen, der aber keinen einzigen Fisch hatte."

„Verwünscht! Ich habe die beiden Damen und meinen Freund zu einer Renkenpartie eingeladen."

Er brachte kummervoll gesenkten Hauptes die Trauerbotschaft in seine Laube, aus der sodann ein schallendes Gelächter kam.

In unserer Lattengitterlaube, nur drei Schritte von der Küche entfernt, hatten wir die ganze Unterredung gehört, und auch schon unsere Verabredung getroffen.

Ich trat in die nachbarliche Laube, und fragte nach einer tiefen Verbeugung in classischer Nachahmung:

„Gnädige Herrschaften, darf ich es wagen,
„Ihnen viel gute Renken anzutragen?

„Woher?" erwiederte der Siebenkreuzherr aufspringend mit einem triumphirenden Blicke auf seine vorher so schadenfrohe Gesellschaft.

„Direct von München!"

„Ah, ein genialer Einfall!"

Er folgte mir in unsere Laube, prüfte die 24 Renken, fand sie schön und frisch, wie ich seine beiden Damen gefunden hatte, und wünschte, 8 Stücke davon zu erhalten, war jedoch freudig überrascht, als mein Freund ihn bat, 18 Stücke anzunehmen, mit dem Bemerken: „daß er darauf gerechnet habe, renkenlosen Renkenfreunden aushelfen zu können."

Im Gespräche mit meinem Freunde, während er seine Renkenladung durch einen Bedienten in die Küche tragen ließ, erfuhr der Fremde, daß mein

Freund den Staatsconcurs durchaus mit der **ersten Note** bestand, schon viele Jahre Advokatenconcipist sei, und dennoch bei Anstellungen, wo ihn die Reihe getroffen hätte, schon zweimal, ohne die Ursache zu wissen, umgangen wurde.

Der vornehme Herr notirte dieß nebst dem Namen meines Freundes, um den er diesen fragte, auf ein Pergamentblättchen, das in eleganter Perlmutterfassung lag, und sagte:

„Vielleicht kann ich Ihnen nützlich sein."

Dann fügte er bei:

„Meine Herren, um Ihre Gefälligkeit nicht zu mißkennen, frage ich Sie nicht um meine **Renkenzeche**, werde aber meine **Leibspeise** durch einen **Leibtrank** zu vergelten suchen."

Gleich darauf brachte uns ein Bedienter zwei Flaschen Champagner aus der Gondel, und beruhigte unser Bedenken: „daß dadurch vielleicht der eigene Bedarf der gnädigen Herrschaften geschmälert werde," durch die Versicherung der Anwesenheit von zwei Dutzend Collegen dieser Art als Kistenballast in der Gondel.

Statt eines förmlichen Dankes brachten wir dem Geber und seiner Gesellschaft mit dem ersten perlenden Glase einen sinnigen Toast aus, der sehr freundlich aufgenommen wurde.

Bei Bestellung von Café in der Küche, erfuhr ich, als „**Kind des Hauses**," Namen und Stand der fremden Herren und Damen aus dem Munde der redseligen Frau Leoni, welche von nun an Renken und andere Fische an jedem **Freitage**, wie reuevoll heimkehrende, verlorene Söhne des See's, bringen, und in öffentlichen Blättern Einladungen zu Renkenpartien an Freitagen erscheinen ließ, welche immer sehr zahlreiche Theilnehmer gefunden haben.

Drei Wochen später erhielt mein Freund das Decret als Landgerichtsassessor. Er eilte zu seinem hohen Gönner, dem Renkenfreunde, und dankte ihm für seine huldvolle Verwendung.

„Ich gratulire Ihnen von Herzen," erwiederte der Gönner lächelnd; „Sie sind nur in Folge eines subalternen Versehens in der Vormerkung bisher umgangen worden, und leider haben Sie aus allzugroßer Bescheidenheit versäumt, mündlich und schriftlich Ihre Anstellung zu betreiben. Ein rechter Supplikant muß den Mund, die Feder und die Füße nicht schonen, wenn er sein Ziel erreichen will."

Diesen guten Rath, den sich alle Supplikanten wohl merken dürfen, schrieb sich mein Freund vorläufig hinter die Ohren, statt auf Papier, und verdankte seiner rastlosen Befolgung in wenigen Jahren eine Landrichtersstelle.

Dieß ist die wahrhaftige Historie von einem edlen Charakterzuge roher Renken, die sich zum Wohle meines Freundes backen ließen.

Glaube man übrigens ja nicht, daß jenen Personen keine Sommerfrische beschieden sei, die bei geringen Einnahmen nur so viel zu essen haben, daß sie nicht umfallen, wenn sie stehen. Der Hofgarten, der englische Garten, die herrlichen Anlagen zwischen Gasteigberg und Neuberghausen, die reizenden Isarauen, und für übermüthige Füße sogar Nymphenburg und der Hirschgarten, bereiten ihnen den freundlichsten Empfang in ihren Freistunden, deren Seltenheit ihren Werth erhöht. Fühlen sie Durst, so finden sie überall Wasser, nicht bloß in manchen modernen Werken vermeintlicher dramatischer Dichter, oder in Büchern, deren Werth in dem Zuckergehalte ihrer Makulaturbestimmung liegt, und quält sie der Hunger, so steht es ihnen frei, ganz nach beliebiger Auswahl ein schönes Stück Natur unentgeltlich zu verspeisen.

Wie beneidenswerth ist eine so wohlfeile Sommerfrische!

Tanzen.

„Ich bitt' Ihnen, tanzen's, ich kann nimmer steh'n!"
— Worte aus einem gesungenen Walzer. —

*

Bekanntlich tanzen die wilden Völker, unter ihnen selbst die Menschenfresser, leidenschaftlich gerne; die civilisirten Völker können sich natürlich nicht von ihnen beschämen lassen, tanzen also auch. Sie haben zwar keine Menschenfresser, außer den Kriegen, und obwohl es Verliebte gibt, die aus Liebe einander fressen möchten, wie man zu sagen pflegt, so kommt es doch nie zu einer solchen Fresserei, weil bis dahin die Liebe nach der Exercirzeit schon einen Urlaub auf unbestimmte

Zeit, oder wohl gar einen „ausgezeichnet guten" Abschied erhalten hat.

Da bei dem Tanzen das Blut eine Hauptrolle spielt, so muß ich zunächsten von diesem sprechen.

Das Blut legt im menschlichen Körper einen weitern Weg zurück, als die Füße. Im ruhigen Zustande legt das Blut in einer Minute einen Weg von etwa 50 Fuß zurück; denn das Herz schlägt in dieser Zeit 75 bis 80 mal, und mit jedem Pulsschlage rückt es ungefähr 8 Zoll in den Adern vor. In einer Stunde macht also das Blut einen Weg von 3000 Fuß, in 24 Stunden etwa 3 Meilen, in einem gemeinen Jahre, nämlich in einem solchen, das kein Schaltjahr ist, 1,095 Meilen, in einer Zeit von 50 Jahren aber durchläuft das Blut einen Weg von 54,750 geographischen Meilen, eine Strecke, die 10 mal so viel beträgt, als der Umkreis unserer Erde!

Im ruhigen Zustande schlägt der Puls eines jugendlichen mannbaren Mädchens 80 mal, in einem wilden Walzer 160 mal. Da es 350 bis 360 Unzen Blut im Körper hat, und bei jedem Pulsschlage 2 Unzen Blut fortgetrieben werden, so kreiset fast die ganze Blutmasse bis auf 18 Unzen im aufgeregten Zustande in einer Minute durch den ganzen Körper, in einem ruhigen Zustande aber erst in zwei Minuten.

Tanzlustige Damen werden bei dem großen Vorrathe von Ballnachtminuten den Unterschied einer Minute nicht beachten, wie gewissenhaft sie auch unter andern Umständen den wahren Werth einer Minute zu schätzen wissen mögen, nach Schiller's Ausspruche:

„Was man von der Minute ausgeschlagen,
„Gibt keine Ewigkeit zurück."

Walzt ein Mädchen während einer Ballnacht nur eine einzige Stunde, so verbraucht das Blut zu seinem Umlaufe in dieser Zeit 1 Million Centner Kraft, während sein Herz im ruhigen Zustande nur ½ Million zu diesem Zwecke anwenden durfte.

Die Kraft ist ein Capital, wie das Geld, und man soll nur die Zinsen eines Capitals verzehren. Wer das Capital selbst angreift, wird durch seine Verschwendung kraftarm oder geldarm, meistens Beides zugleich.

Ein den wilden Schwindsuchtswalzer oder den Sturmgalopp liebendes Mädchen, geht dem Tode auf halbem Wege entgegen, welcher dann der Ausgetanzten mit dankbarem Grinsen die Knochenhand reicht, um sie, alle Abwehranstrengungen der Aerzte verhöhnend, auf den Dornenpfaden nagender Schmerzen in die acht Fuß tiefe Klause der Mutter Natur zu geleiten. —

Der Tod ist ein speculativer Kopf; er hat auch in Tanzsälen seine Helfershelfer: überfüllte Räume, erhitzte und verdorbene Luft durch die Ausdünstungen der vielen Menschen, durch den Staub des Fußbodens, den Dampf der Lampen und Kerzen; die pressende Kleidung der Damen, die einen freien vollen Athemzug zur Unmöglichkeit macht; den Wahn mancher Tanzenden: „daß kaltes Trinken bei erhitztem Körper nicht schade, wenn man nur gleich darauf wieder tüchtig tanze," ohne zu bedenken, daß die schlimmen Folgen sich nicht immer unmittelbar darnach, sondern meist erst später einstellen, und zwar vorzüglich als Fehler der Verdauung, Verhärtung und Krebs des Magens, Hals= und galoppirende Lungenschwindsucht.

Ach, der Tod ist ein schlauer Menschenkenner! In Gestalt einer Caffeefraubaase gibt er bedrängten Müttern den eigennützigen Rath, schon ihre fünf= zehnjährigen Töchter gut verpackt und verschnürt, auf Bälle zu führen, die einzigen Gelegenheiten für ver= mögenlose Mädchen, irgend einen Jüngling oder Mann in ihre Ehestandsnetze zu locken; dieß sei der beste und kürzeste Weg, die Töchter anzubringen.

In der That werden die sorgsamen Mütter auf diese Art ihre Töchter ganz gewiß anbringen, in den seltensten Fällen als Bräute eines Jünglings oder Mannes, in den meisten Fällen aber als Bräute des Todes.

Manche Damen berufen sich auf den Ausspruch ihrer Hausärzte, welche ihnen das Tanzen als eine ihrer Natur zuträgliche Bewegung angerathen haben, verschweigen aber weislich die beigefügten ärztlichen Nebenbedingungen der Mäßigkeit, und sind füglich mit solchen Patienten zu vergleichen, denen der Arzt verordnet hat, von der Arzenei alle 3 Stunden einen Caffeelöffel voll zu nehmen, die aber zur vermeintlichen Beschleunigung ihrer Gene= sung stündlich einen Vorleglöffel voll verschlucken.

Die gesunde Bewegung in der freien Natur ist jedem Tanze vorzuziehen, und heirathslustige Damen finden auch auf Spaziergängen Gelegenheit genug, gesehen zu werden, wenn sie an der Seite ihrer Mütter lustwandeln; sollten sie aber in den Grundzügen ihrer jugendlichen Gesichter eine auffallende Aehnlichkeit mit ihren alternden Müttern haben, dann mögen sie ja aus löblicher Vorsicht lieber andere würdige Matronen, etwa unähnliche Tanten, zu Begleiterinnen wählen, damit nicht zärtliche Jünglinge, die mit hochzeitlichen Gedanken sich ihnen nähern, durch ein Vergleichen der mütterlichen mit den töchterlichen Gesichtszügen ein zurückschreckendes Spiegelbild der häuslichen Zukunft ihrer möglichen Ehehälften erblicken können. —

Tanzunterhaltungen gibt es in München über die Möglichkeit viel: in den Privatgesellschaften und in den öffentlichen Gastwirthschaften, in den eleganten Sälen der Westendhalle und Tonhalle, in den Gasthöfen zu den Vier Jahreszeiten, im bayerischen Hofe, in der blauen Traube, an diesen drei Orten für gesellige Vereine, auf zahlreichen andern Tanzböden für leichter zu befriedigende Tanzlustige, wo der Liebhaber eines Mädchens Gegenstand heißt; es wird im Paradiesgarten, und im Gasthause zur Himmelsleiter fröhlich getanzt, ohne daß die Tanzenden durch ein mahnendes Nachdenken über diese Namen sich stören lassen.

Kaum erscheint ein neuer Kalender für das kommende Jahr, so wird eiligst darin untersucht, ob die Faschingszeit lang oder kurz sei, und der edle Entschluß gefaßt, sie jedenfalls bis zum letzten Schlage der Mitternacht vor dem Aschermittwoche, dem ersten Tage der Fastenzeit, nach allen Kräften auszunützen.

Diese standhafte Ausdauer, diese bereitwillige Hingebung, können namentlich die Herren Beamten der drei **Pfandhäuser** gewissenhaft bezeugen, denen gar viele Tanzlustige ihre Betten bringen, weil sie ihr aufgeregtes Blut leichter auf Stroh abzukühlen hoffen, das im Munde des humoristischen Volkes Jakobifedern heißt.

Große Phantasie entwickelt der Gastgeber im **Elysium** in seinen Faschingsmaskenbällen mit großem Festzuge und altdeutschem Ritterturnier mit Mummenschanz, Schwerter- und Lanzenkampf zu Fuß und zu Roß, mit Wanderungen in die fünf Welttheile in verschiedenen Räumen, mit Original-Ländlertanzpaaren, auf Gastrollen verschrieben aus der Gegend von Miesbach, u. s. w.

Musterhaft auserlesene Bälle, mit einer lebendigen Blumenausstellung liebenswürdiger Damen, veranstalten im **Odeon** die Herren Offiziere, Künstler und Studenten; aber der **hoffnungsvollste** und deßhalb **lustigste** Ball bleibt doch immer der **Schuhmacherball** im Prater, weil sie hoffen, in der Fastenzeit recht viel Arbeit zu bekommen durch Ausbesserung **durchgetanzter** und Anfertigung nothwendig gewordener neuer Stiefel und Schuhe.

Das Sprüchwort sagt:

„**Eine redliche Hand geht durch's ganze Land.**" Weil nun aber auch die redlichste Hand nicht ohne Füße gehen kann, und diese in der Regel

Stiefel oder Schuhe brauchen, so fallen auch die redlichen Hände in ihre Hände; ihre schlechtesten Kunden sind jedenfalls jene Hände, die nicht gehen, sondern in enger Handschellenverbindung durch das Land geschubt werden.

Heirathen.

„Heirathen — ist ein wunderlich Wort,
„Ich mein', da müßt' ich gleich wieder fort."
Göthe.

Göthe sagte auch:

„Wer jung heirathet, heirathet mit Andacht."

Dichter sagen gar viel, wenn sie viel dichten. Er war nicht mehr jung, als er heirathete, und ging auch nicht „gleich wieder fort," sondern gar nicht.

Ein anderer großer Dichter sagte:

„Es gibt Augenblicke im Leben, wo der Mensch — gröber ist, als gewöhnlich."

Sehr wahrscheinlich hat Sir Thomas Morus, Kanzler von England, unter König Heinrich VIII., in einem solchen „gröberen" Augenblicke Folgendes geschrieben:

„Jemand, der sich verheirathet, ist mit einem Tropfe zu vergleichen, der die Hand in einen Sack steckt, um einen Aal herauszuziehen, der allein darin ist unter hundert Schlangen. Hundert gegen Eins will ich wetten, daß er eine Schlange herausziehen wird."

Wer in einem civilisirten Staate heirathet, bildet einen Familienstand. Er bringt dadurch dem Staate ein Opfer durch Uebernahme der moralischen Verpflichtung, seine Kinder zu tugendhaften, fleißigen, nützlichen und patriotischen Staatsangehörigen heranzuziehen.

Hat nun ein heirathslustiges Paar Geld und Gut, Häuser, liegende Gründe, Alles in Menge und schuldenfrei, dann wird die in Bezug auf Ansäßigmachung engherzigste Gemeinde ungesäumt die Bewilligung zur Heirath und Ansäßigmachung ertheilen, in voller Zuversicht, daß die von ihnen Beglückten der Gemeinde gewiß nie zur Last fallen werden.

Daß aber auch sehr vermögliche Eheleute „abhausen," und dann doch der Gemeinde zur Last fallen können, würde die gestattete Einschau in manche städtische Armenliste bestätigen.

Bitten aber Jünglinge und Mädchen, oder Männer und Frauenspersonen von „gesetztem" Alter, um Heirathsbewilligung, die etwa nur ein Paar hundert Gulden, oder vielleicht gar nichts, als ihre Kraft, ihren Fleiß und ihre Sparsamkeit besitzen, und durch ihre Heirath dem Staate gleichfalls ein Opfer bringen wollen, so dürfen natürlich Gemeindebehörden ein solches Opfer von dürftigen Personen „Ehren halber" nicht bereitwillig annehmen, sondern müssen für oft wiederholte Abweisungen so lange die Taxgebühren erheben, bis sie durch jahrelange Ausdauer der Betheiligten von dem unerschütterlichen Opfermuthe derselben gerührt, und zur Bewilligung hingerissen werden.

Beinahe hätte ich vergessen, zu erzählen, was für ein Ende Thomas Morus nahm, ein Mann, gleich ausgezeichnet durch seine Staatskenntnisse wie durch seine Rechtschaffenheit, ein glücklicher Gatte und Vater, der gewiß keine Schlange aus dem Sacke gezogen hatte, als er heirathete. Als Heinrich VIII. sich von der römischen Kirche lossagte, um sich von seiner Gemahlin scheiden zu lassen, und die Wittwe seines Bruders Arthur, Anna Boleyn, heirathen zu können, die er später enthaupten ließ, weil er ihrer überbrüßig war, führte er den Kircheneid ein, wodurch er zum Oberhaupte der Kirche erklärt, und jedermann vorgeschrieben wurde, was er glauben sollte. Thomas Morus weigerte sich, diesen Eid zu leisten, legte seine Aemter nieder, und wurde beßhalb am 6. Juli 1535, 55 Jahre alt, enthauptet. 12 Jahre später starb König Heinrich VIII., in den letzten vier Jahren unter rasenden Schmerzen, die ihn unaufhörlich folterten.

Der edle und vielgeliebte König Heinrich IV. von Frankreich, der bekanntlich jedem Bauer in seinem Reiche an Sonntagen ein Huhn in den Topf wünschte, aber es ihm nicht gab, war doch so ungalant, zu sagen:

„Souvent femme varie,
„Bien fol, qui s'y fie."
(„Die Weiber wechseln jede Stunde,
Nur Thoren trauen ihrem Munde.")

Dieses Sprüchlein paßte viel besser auf ihn selbst, da er, in Unfrieden mit seiner Gemahlin lebend, Maria von Medicis, welche freilich falsch, hinterlistig, herrschsüchtig und eifersüchtig war, mit mehreren Liebchen wechselte: Gabrielle d'Estrées, Henriette de Bolzac, Gräfin von Entraigues, Jacqueline, Gräfin von Moret, Charlotte des Essarts, und Marie Henriette de Bourbon.

Sonst wurden die Ehen im Himmel geschlossen, jetzt auf der Erde, ein kurioser Unterschied! Man merkt ihn auch recht deutlich! Durch die blumengeschmückte Triumphpforte der Liebe schritt man sonst in der Regel an den Traualtar; jetzt ist das Heirathen ein Geschäft: man macht in Heirathen! Die Erschwerung des Heirathens ist ein vortrefflicher Sporn, die zum Ehestande nöthigen Mittel zu beschaffen, um alle Hindernisse zu besiegen; solche Ehestände sind also ausgesetzte Preise für die Sieger in Heirathen mit Hindernissen.

Heirathslustige männlichen Geschlechtes tauchen also ihre Angeln in eine Mischung von „angenehmem Aeußern," Solidität, und verschiedenen andern Tugenden, und werfen sie dann in den Teich der Oeffentlichkeit, in die Spalten der Zeitungen, um ein Bräutchen mit so und so viel tausend Gulden, — je mehr, desto besser, — zu ködern, gleichviel ob Jungfrau oder Wittwe, nehmen es auch mit dem Taufscheine nicht gar zu genau, und „sehen weniger auf geistige und körperliche Vorzüge, als auf großes Vermögen."

Ganz nach dem Herzen eines gemüthvollen, großen Dichters gehandelt, welcher ernstlich mahnte:

„Drum prüfe, wer sich ewig bindet,
Ob auch das Geld nach Wunsch sich findet,
Der Wahn ist kurz, die Noth gar lang!"

Um solche Anträge nicht zu zersplittern, ist es sehr zweckförderlich, wenn irgend ein Commissionsbüreau zur Beachtung für solide Fräulein und deren Eltern und Vormünder, eine Reihe achtpaarer Männer jedes Alters und Standes, und meistens in sehr geordneten Verhältnissen, als Brautwerber vormerkt, da diese wahrscheinlich aus übertriebener Schüchternheit, die bekanntlich unserm männlichen Geschlechte eigen ist, nicht in geselligen Verkehr mit Damen zu treten wagen, um sich unmittelbar bei ihnen nach ihrem Heirathgute zu erkundigen.

Auch Mädchen lassen sich vormerken und ausschreiben, um Männer zu bekommen. Sie besitzen gewöhnlich nur sehr wenig Vermögen. Reiche Mädchen werden in ihren Wohnungen gesucht, wie nach einem alten, aber in der Nutzanwendung sehr ungalanten Sprüchworte, „gute Kühe im Stalle."

Es gibt aber auch zarte, liebevolle Herzen, die nicht nach Geld und Gut fragen, und für die dichterische Tröstung schwärmen:

„Raum ist in der kleinsten Hütte.
„Für ein glücklich=liebend Paar."

Sie bedenken nicht, daß die kleinsten Hütten jetzt schon das größte Geld kosten, das Miethen einer kleinsten Hütte aus dem Regen in die Traufe führt, und eine Hütten= und Kartoffel= liebe nicht so lange dauert, wie eine in Essig gelegte Liebe.

Was ist denn die Liebe?

Eine Krankheit mit Fieberbegleitung, die nicht immer fortdauert, sondern durch die Natur= heilkraft, sohin ohne ärztliche Behandlung, früher oder später ein Ende nimmt, gewöhnlich überra= schend früh.

Was ist also das Beste an der Liebe?

"Daß sie nicht in solchem Grade zunimmt, als sie abnimmt."

Die romantische Zeit der Liebe, wo noch das Auge der Geliebten für den Liebhaber die Sonnenuhr war, nach deren Strahlen er seine Zeitrechnung eintheilte, ist durch die praktische, durch die materielle Liebe, fast gänzlich verdrängt worden; sie spukt nur noch bisweilen in siebenzehn= jährigen Herzen.

Sonst hatte jeder Liebhaber nur eine Göttin, die er anbetete, jetzt scheinen die Meisten Hindus zu sein, welche 33,000 Götter anbeten, von denen wenigstens $1/3$ aus Göttinnen besteht.

Sonst konnte man noch von der Devise einer jungen Wittwe erzählen, die zum Sinnbilde einen der Blüthen, Blätter und Früchte beraubten Oran= genbaum, und zur Aufschrift die Worte gewählt hatte: "Was können Erd' und Himmel mir noch nehmen?" Jetzt aber können sie nicht schnell genug den Wittwenstuhl verrücken, wie man treffend zu sagen pflegt, um damit etwas Verrücktes zu bezeichnen.

Sonst hielt man Thränenkrüge, kleine Gefäße von Glas oder Thon, worin man die für die verstorbenen geliebten Wesen vergossenen Thränen sammelte und aufbewahrte; jetzt hält man Krüge ohne Thränen — in der Hand, um sich eine Maß Bier einschenken zu lassen. Selbst die Thränenkrüge an Grabdenkmalen macht man nicht mehr hohl, weil sie nicht mehr zu Thränen, am wenigsten aber zu gesammelten Thränen gemeißelt werden, da die Ueberlebenden selbst zu schnell gesammelt erscheinen, um noch Thränen sammeln zu können.

Sonst lag man 10 Jahre lang, wie die Griechen vor Troja, vor einem kieselharten Mädchenherzen, das mit dem Panzerschiffe Monitor unserer Tage wegen seiner Unbezwinglichkeit zu vergleichen war, und seufzte in ehrbaren Reimen:

„Ich Glücklicher, dient' ich beim Nachttisch Dir zur — Schachtel,
„Hing ich im Käfig dort statt der geliebten — Wachtel,
„Ach! Einen Kuß von Dir, (und ging auch eine — Dachtel
„Mit in den Kauf), bezahlt' ich gern mit meines Lebens —
Achtel!"

Jetzt aber, da man weiß, daß selbst Diamanten, in Porcellantiegeln dem Feuer ausgesetzt, wie Wassertropfen verschwinden, beginnt Keiner mehr den Feldzug der Liebe, besonders gegen reiche Mädchen, denn die armen sind keine kriegerischen Jungfrauen von Orleans, ohne den Porcellan-Menage-Tiegel des Herzens mit sich zu schleppen.

Wenn die Liebe in solchem Grade zunähme,

wie sie abnimmt, so würden die arkadischen Schäferzeiten zurückkehren, wo Leben Liebe war, wo neben den zärtlichen Turteltäubchen auf dem jasmin- und epheuumrankten Hüttendache auch zwei ordinäre Tauben, saftig gebraten, lagen, und die Salatstauden, gesalzen und gepfeffert, essig- und ölgetränkt, zum täglichen Gebrauche aus dem Boden lustig emporwuchsen, Enten und Gänse, gerührt von dem herzbrechenden Anblicke endloser Liebe, sich selbst entleibten, sich selbst rupften, sich selbst an den Spieß steckten, und um diesen, wie die Erde um ihre Achse, am Feuer der Liebenden sich drehten, und dennoch, ungeachtet ihrer hochherzigen Selbstaufopferung, nicht selten verbrannten, weil die Liebenden keine Zeit hatten, sie vom Spieße zu holen, und wo Mundsemmelchen und Zuckertörtchen an den Halmen hingen, neben Wein- und Bierquellen auch Wasserquellen rieselten, wie in den Kellern mancher Wein- und Bierwirthe unserer Zeit; — alle eigentlichen Geschäfte würden aufhören, und von den Wenigen nicht mehr besorgt werden können, deren Herzen ausnahmsweise der Liebe nicht zugänglich wären.

Im Anfange wär's noch erträglich, denn „Liebende sind ein Schauspiel für Götter." So lange noch lebenslängliche oder gar ewige Liebe einander zugeschworen wird, ist das Schlimmste nicht zu besorgen, weil gerade dieses Schwören schon einen Zweifel andeutet, daß ohne Schwur die Liebe und Treue fortdauern können. Wenn also schon ein Schwur nöthig ist, nur um die Fortdauer der Liebe zu verbürgen, was bleibt übrig, um ihr

Zunehmen sicher zu stellen? Wäre aber dieses Zunehmen der Liebe eine innere Nothwendigkeit ihres eigenthümlichen Wesens, dann könnte man jeden Schwur entbehren; allein es gäbe dann auch kein Verdienst mehr, treu zu lieben, weil die Liebe in solchem Falle nach einem Naturgesetze zunehmen müßte, wie jedes organische Geschöpf.

Kein Jüngling könnte mehr studiren, die Waffen tragen, in ein Büreau gehen, oder ein Gewerbe betreiben; denn er hätte keine Zeit mehr dazu; keine Zeit mehr zu etwas Anderm haben, ist das erste Zeichen der zunehmenden Liebe.

Kein Mädchen könnte mehr spinnen, Liebesintriguen ausgenommen, nicht mehr stricken, kochen, waschen u. s. w., ja, was das Schrecklichste ist, weder der Jüngling noch das Mädchen könnten mehr heirathen; denn bis es dahin käme, wäre schon der cannibalische Grad der zunehmenden Liebe eingetreten: „sich aus Liebe einander aufessen." Leider enthält unser neues Strafgesetzbuch keinen eigenen Artikel, der dieß unter einer gewissen Strafe verbietet, vielleicht aus dem nämlichen Grunde, aus welchem ein berühmter Gesetzgeber der heidnischen Vorzeit keine Strafe des Vatermordes aufstellte, weil er diesen für unnatürlich hielt.

Die Richter wüßten sich zwar leicht zu helfen, und würden einen solchen Fall mindestens als eine Körperverletzung mit nachgefolgtem, voraussehbaren Tode betrachten; wie säh' es aber mit der Strafe aus, da von den beiden Strafbaren nur

Mord und Tod aus höchster Liebe, würden die ganze Welt mit ihren Schrecken erfüllen. Den größten Trost, daß es so weit nicht kommen werde, gewährt mir ein bei Liebenden in unserer Zeit häufig herrschendes Augenübel ganz eigenthümlicher Art, von dem ich durch ein kurzes Gespräch zwischen zwei jungen Ehemännern zufällig Kunde erhielt.

A. „Seit kurzer Zeit leide ich sehr an den Augen. Ich fürchte, kurzsichtig zu werden."

B. „Wie so?"

A. „Schon öfter begegnete ich auf der Straße meiner Frau, und grüßte sie aus Anstand wie eine fremde Dame, ohne sie zu kennen."

B. „Sonderbar! Ich leide auch an den Augen, und fürchte langsichtig zu werden; denn so oft mir eine schöne Dame begegnet, glaub' ich schon von Weitem, sie sei meine Frau, und es vergehen oft viele Tage, bis ich von der Täuschung meiner Augen mich überzeuge."

Ich könnte noch eine Menge Trostgründe aufführen, daß dieses Einanderaufessen aus Liebe schwerlich jemals geschehen werde; doch schon der einzige genügt, daß noch nie ein solcher Fall auf dem Rücken einer Zeitungsente herangeschwommen kam. Gegen jede Liebe, die sich diesem Grabe des Zunehmens nähern möchte, dürfte wohl der Ehestand, der leider immer seltener wird, eine unersetzliche Vorbauungskur sein, sohin das Heirathen unter die freien Erwerbsarten gestellt werden, und dazu weiter nichts nöthig erscheinen, als der nicht zu verweigernde Erlaubnißschein der Gemeindebehörde, und die kirchliche Trauung.

Mag demnach auch das Einanderaufessen in der Liebe niemals ernstlich zu befürchten sein, so rath' ich doch wenigstens jedem weiblichen Herzen, wohl auf seiner Hut zu sein, und das Gedeihen der Liebe sorgfältig zu überwachen, da die Liebenswürdigkeit der schönen Münchener=Damen so groß ist, daß für sie die Gefahr, aus Liebe aufgegessen zu werden, allerdings noch im Reiche der Möglichkeit liegt.

Die Hagenstolzen sind die Erzfeinde des Ehestandes, und Amors gefährliche Wildschützen, jene Personen männlichen Geschlechtes, welche aus Geiz oder schlechter Meinung von dem weiblichen Geschlechte, im fünfzigsten Jahre noch nicht geheirathet haben, da sie es doch thun könnten. Jeder Hagestolz sollte, sobald er ein jährliches Einkommen von 1000 fl. hat, von seinem vierzigsten Jahre an, neben seiner Einkommensteuer, noch eine Hagestolzensteuer von jährlichen 10 fl. vom Hundert an den Aussteuerverein für brave Dienstmädchen bezahlen müssen. Gewiß eine eben so billige als zeitgemäße Steuer!

Es gibt auch Hagestolzinnen, aber nur in so seltenen Exemplaren, wie die weißen Raben.

Zum Beweise, daß man kopflos sein könne, ohne gerade durch eine Enthauptung den Kopf verloren zu haben, erwähne ich eines Ausspruches, den vor 400 Jahren ein sehr geistvoller, vornehmer eines Korbes aus Damenhänden, zu veröffentlichen aus Rache sich hinreißen ließ:

„Mulier est animal rapax, vanum, Crudele, absque fide, plenum dolis."

(Deutsch: „Das Weib ist ein habsüchtiges, eitles, grausames, treuloses und ränkevolles Geschöpf.")

Es gibt auch Männer, die nur deßwegen nicht heirathen wollen, weil sie es **langweilig** finden, mit einer Frau zu leben, die ein immer gleiches, wenn auch ein edles, Gemüth besitzt.

„**Dem Manne kann geholfen werden**," sind die letzten Worte des Carl Moor in den „**Räubern**" von **Schiller**.

Er darf ja nur eine ausgezeichnete dramatische Künstlerin heirathen, die ihn täglich sehr leicht mit dem Wechsel ihrer Gemüthszustände erfreuen kann.

Ein **Sonderling** hat behauptet, daß manche **glückliche Ehe nicht so glücklich** ist, wie eine **unglückliche**, was freilich höchst sonderbar klingt.

Er sagt: „**Glückliche Ehepaare** fühlen wechselseitig tief den Schmerz über ein trauriges Ereigniß, z. B. über eine schwere Krankheit; **unglückliche Ehepaare** sind so glücklich, durch fortwuchernde **Zwietracht** gegen einen solchen Schmerz geschützt zu bleiben.

Allen glücklichen Ehemännern wünsche ich das Loos des Russen Pollosky, der mit 93 Jahren zum dritten Male heirathete, und mit dieser Frau noch 50 Jahre lebte, sohin 143 Jahre alt wurde!

Gehet hin und thut des Gleichen!

Heirathen, oder nicht?

Heirathen, ober nicht? Das ist die Frage,
Und würdig jener Antwort, die ich sage.
Die Herren, in der Liebe oft sehr fügsam,
Sind, soll's zur Heirath kommen, ungenügsam.
„Die Braut sei tugendhaft, geschickt und reich,
„Treu, häuslich, und an Schönheit Engeln gleich!"
Nun, gar nicht übel scheint mir der Geschmack
Von dem interessirten Herrenpack.
Wo Alles so nach Wunsch zusammenstimmt,
Da bleibt der Dame freie Wahl; sie nimmt
Dann lieber doch den selbstgewählten Engel,
Als einen solchen ungalanten Bengel,
Der nichts vom Opfer weiß, das Jede bringt,
Sobald das Band der Ehe sie umschlingt;
Wenn sie bedenkt: „es dauert lebenslang,"
Dann wird's gewiß im Herzen ihr oft bang.
Viel leichter weiß zu helfen sich der Mann,
Oft so gewissenlos, als er nur kann.
Heirathen nicht — wär' freilich noch das Beste,
Allein dann gäb' es keine Hochzeitfeste,
Und öde wär' es auch in manchem Haus,
Wenn auch die Welt dabei nicht stürbe aus.
Heirathen also, sind nur Er und Sie
Vereint durch ihrer Herzen Harmonie!

Königliches Hof- und National-Theater.

Zu der ersten Auflage dieses prächtigen Musentempels, wurde von Seiner Königlichen Hoheit, dem Kronprinzen Ludwig, unter der Theaterregierung des kgl. Hoftheater-Intendanten von Lamotte, am 26. Oktober 1811 der Grundstein feierlich gelegt.

Der Bau dieses neuen Hoftheaters geschah nach dem Entwurfe des kgl. Baurathes und Professors von Fischer, und schritt rasch voran, mußte aber in Folge eingetretener Kriegsverhältnisse geraume Zeit eingestellt werden, weil der damalige gewaltthätige Welttheater-Intendant Napoleon I. mit einem Personal von einer halben Million Acteurs zur Aufführung einer furchtbaren Tragödie nach Rußland zog, die jedoch so total durchgefallen ist, daß er sich eiligst, nicht aus dem Staube, sondern aus dem Schnee, machen mußte.

Erst im Jahre 1813 kam es dahin, daß die Hälfte des Hauptbaues, nämlich das Logenhaus, unter Dach gebracht werden konnte. Uebrigens hat bis zum Jahre 1816 — 2½ Jahre war gänzlicher Stillstand — der Bau geruht, vermuthlich um neue Kräfte zu sammeln.

Das tückische Schicksal, in der Voraussicht, daß Trauerspieldichter alles Unheil ihrer Helden und Heldinnen, ja selbst das Durchfallen ihrer eigenen Stücke, ihm zum Vorwurfe machen werden, wollte vorläufig den Ausbau dieses Theaters verzögern, und zündete deßhalb am 16. April 1817 den Hut desselben an, nämlich den Dachstuhl, der vorsorglich schon seit zwei Jahren fertig auf der Zimmerwerkstätte lag, und nun zu einer Zeit verbrannte, wo wegen der milden Jahreszeit nicht einmal mehr das Bedürfniß für die Armen bestand, sich an dem Feuer zu wärmen. Das war gewiß eine raffinirte Bosheit des Schicksals, deren gelegentliche Fortsetzung ein ahnender Aberglaube mit Recht befürchten durfte.

Der Anfang des Theaters kam nach dem Ende — des Baues, und zwar gleichzeitig zur Feier des Namensfestes unsers Höchstseligen Königes Maximilian Joseph, am 12. October 1818. Herr Hofrath Albert Klebe dichtete dazu ein Festspiel in 1 Akte: „Die Weihe," Musik von Herrn Hofmusik-Director Fränzl. Beide sind schon längst gestorben, und unter den 21 Hauptpersonen, welche mitwirkten, zähle ich 16, deren Beerdigung ich persönlich beiwohnte, zu denen auch 5 Musen gehörten. Apollo (Urban) ist mit seinen 7 Priestern: Kürzinger, Tochtermann, Stenzsch, Reinhard, Carl, Muck und Hanmüller, in den Olymp zurückgekehrt. Seitdem ist es mir oft ein Räthsel geblieben, woher manche Dichter ihre Musen beziehen, und leider ist mir nie ein Frachtbrief in die Hände gerathen, der mir darüber Aufschluß hätte geben können, so daß ich beinahe die Besuche angeblicher Musen vermuthen möchte, welche keinen himmlischen Heimathschein vorzeigen können.

*

.... „Ausgebrannt,
„Aber ruhig steht das Haus."

Es war am 14. Januar 1823, unseligen Andenkens, als ich im Parterre des gleich einer Häringstonne vollgepfropften Hauses, dicht an der Mittelthüre, mit Mühe noch ein Plätzchen fand, um die „beiden Füchse" und die „Wildschützen" zu sehen. Die arge Hitze vertrieb mich bald, und als mich bei dem Fortgehen der Cassier Dicker an der Cassa, dem ich noch eine gute Nacht wünschte, nach der Ursache meines frühen Weggehens fragte, antwortete ich als unwillkürlicher Prophet:

„Ah, heute ist eine Hitze im Theater, daß man verbrennen könnte!"

Zu Hause las ich eben in einer englischen Zeitung von dem beiläufigen Umfange eines pensionirten Pudermantels, als der wohlbekannte, unheimliche Feuerlärm der Trommeln mich an's Fenster trieb, wo ich die Häuserreihe gegenüber in feuerrothgelber Beleuchtung Tageshelle verbreiten sah.

„Wo brennt's?" rief ich zum Fenster hinunter.

„Das Hoftheater brennt ab!" antwortete eine vorüberrennende Stimme.

Dieser Eulenruf erschreckte mich nicht, da ich aktenmäßig wußte, daß das k. Hof- und Nationaltheater nicht abbrennen könne, selbst wenn es wollte; denn im Anfange des erwähnten officiellen Festprogramms Seite 21 und 22 hatte ich deutlich gelesen, und treu im Gedächtnisse bewahrt, was ich hiemit meinen Lesern wörtlich mitzutheilen die Ehre habe, um sie nicht zu einer Ueberschätzung meiner Gelassenheit zu verleiten.

Es steht nämlich daselbst geschrieben, vielmehr gedruckt:

„Die Bewässerung, vorgeschlagen und ausgeführt durch den k. Salinenrath Herrn von Reichenbach mittelst Beiziehung des kgl. Brunnmeisters Mayr, hat in derselben Art kaum ein Theater aufzuweisen.

„Ein auf dem obersten Kehlgebälke befindliche Wasserreserve von 1200 Kubikfuß Wasser wird unausgesetzt durch ein eigenes Druckwerk mit Wasser voll erhalten.

„Aus dieser Hauptreserve füllen sich an verschiedenen Punkten des ganzen Hauses mehrere Nebenreserven, so daß auf jedem Gange und auf jeder Abtheilung Wasser ist. Auf der obersten Stelle des Hängwerkes ist eine Vorrichtung angebracht, durch welche, wenn wider Verhoffen ein Brand entstehen sollte, in einer Minute die ganze Bühne unter den größten Platzregen versetzt werden kann.

„Da übrigens die Beheizung nicht auf einzelne Theile des Hauses, sondern auf den ganzen Hausraum wirket, so ist das Einfrieren dieser Bewässerungsvorrichtung auch im strengsten Winter nicht denkbar.

„Außerdem ist alles Holzwerk des ganzen Hauses mit einer dem Feuer widerstehenden Tinctur bestrichen, welche dasselbe zwar nicht ganz vor dem Brande, doch aber vor der ersten Zündbarkeit schützet."

Bei so beruhigenden Versicherungen, die selbst die Möglichkeit überschritten, wär' es auch für ein furchtsames Hasenherz keine absonderliche Kunst gewesen, bei der Schreckensbotschaft so gelassen zu bleiben, wie ich. Schnell warf ich meinen alten Mantel um die Schultern, auf welchen sich Holtei's bekanntes und beliebtes Mantellied anwenden ließ, und rannte zur Stätte des Brandes in der sicheren Erwartung, dort schon die Leiche des im „größten Platzregen" ertrunkenen Feuers schwimmen zu sehen.

Ach, der Stiel war umgekehrt, und der „größte Platzregen" im Feuer jämmerlich verbrannt!

Um meiner Pflicht der Mitwirkung zur unmöglichen Rettung des prächtigen Kunsttempels zu genügen, legte ich meinen treuen Mantel zu meiner Rechten auf den Schneeteppich hin; aber der treue Mantel konnte nicht bellen, wie ein treuer Pudel, als ihn vielleicht irgend ein frierender Mensch in dem Wahne zu sich nahm, daß ich ihn als ein unnützes Zeug weggeworfen habe, zu welchem Wahne ihn die Hast berechtigte, womit ich es that. Kurz:

„Den alten Mantel sah ich niemals wieder!"

Da war ich nun freilich übler daran, als der ägyptische Joseph, der ja mit freiwilliger Zurücklassung seines Mantels eiligst den Händen der Frau von Putiphar entschlüpfte, und ihn am andern Tage wieder abholen lassen konnte, wenn ihm nicht die Mantelpackerin als eine ehrliche Frauensperson dadurch zuvorkam, daß sie ihm seinen Mantel am nächsten frühen Morgen in das Casséehaus schickte, wo Joseph täglich vortrefflichen Caffée, wie ich ihn bei Schimon in den Vier Jahreszeiten, und bei Tambosi unter den Kastanienbäumen des Hofgartens trinke, zu schlürfen, und, in das Lesen des ägyptischen Tageblattes vertieft, eine lieblich duftende echte Havannacigarre aus Pfälzerblättern zu schmauchen pflegte.

Das schöne Theater war wirklich abgebrannt!

"Wer ist Schuld daran?" fragte die Untersuchungs-Commission.

"Das wilde Heer aus dem „Freischütz," war die Antwort, "das noch am Theaterhimmel hing, und dessen Florgewand an einer Coulissenlampe sich entzündete."

Nach dem erwähnten Festprogramme schien es aber nicht menschenmöglich, daß das Theater abbrennen konnte; es war nur unmenschenmöglich, und das Unmenschenmögliche vermag nur das Schicksal, welches zuerst den schon fix und fertig bereit gelegenen Dachstuhl verbrannte, nun das ihm befreundete wilde Heer zum Feuerspeien hetzte, und ohne Zweifel auch meinen Mantel dessen Nachfolger ich ohne alle „Abbrandler-Entschädigung" aus eigenen Dichtermitteln kaufen mußte, gestohlen hat; daß übrigens Dichtermittel in der Regel kaum zum Trinkgelde für den mantelbringenden Schneiderlehrling hinreichen, bedarf wohl keines musenkränkenden Beweises.

Unsere geliebte Königinn Caroline weinte über dieses traurige Ereigniß.

Auch der damalige Herr Hoftheater-Intendant Stich vergoß Thränen, überlebte aber seinen Gram noch 31 Jahre lang bis zu seinem Tode am 24. März 1854 in seinem 78. Lebensjahre. Er starb gerade noch früh genug, um nicht möglicherweise ein Opfer zu werden der eigenmächtig entsetzlich gespielten Gastrollen der Cholera, die nach den Arzeneiprüfungen der Homöopathen nichts Anderes ist, als eine Vergiftung durch Blausäure aus negativ elektrischer Beschaffenheit der Luft.

Der Neubau des abgebrannten Hoftheaters in der durchaus ursprünglichen Gestalt desselben, und so ähnlich wie ein gelungener Gypsabguß, kostete 780,000 fl., welche die Stadtgemeinde bezahlte. Dieser Neubau schritt so rasch voran, daß die feierliche Eröffnung bereits am 2. Januar 1825 geschehen konnte.

Die unerbittliche Statistik hat zwar die Zeitperiode berechnend festgestellt, innerhalb welcher, nach früheren Vorgängen, irgend ein Theater an die Reihe kommen muß, abzubrennen. Unser Hof- und Nationaltheater, das nun schon das kräftige Mannesalter von 38 Jahren unversehrt zurückgelegt hat, wird wohl eine Ausnahme von der statistischen Regel machen, zu welchem Glauben uns der nachstehende, beruhigende Aufschluß eines vormaligen kgl. Hoftheater-Intendanten dahier, des Herrn von Küstner, in seinem „Taschen- und Handbuche der Theater-Statistik, zweite vermehrte Auflage, Leipzig 1857," vollkommen berechtigt:

„Die bei dem kgl. Hoftheater befindlichen Feuersicherheits- und Feuerlöschanstalten, sind in Betreff der Wasserreserven, Brunnen- und Wasserleitungen, Druckmaschinen und anderweiten Löschmittel die vollkommensten und größten, die es gibt.

„Das Personal der Feuerwehr besteht aus 32 Personen, zu denen noch zur Bewegung der Druckmaschinen 24 Mann kommen. Die Kosten der Feuerlöschanstalten betragen jährlich 7250 fl., welche von dem Staate, dem das Haus gehört, gezahlt werden."

Wehe dem Schicksale, wenn es noch ein Mal, etwa aus Rache wegen Aufführung einer griechischen Schicksalstragödie, in brandstifterischer Absicht auf den Soffiten reiten, oder zwischen die Coulissen sich schleichen wollte! Das Schicksal des Schicksals würde ein schreckliches, aber wohlverschuldetes sein: der Tod des Ersäufens unter dem Wogenberge der Wasserreserven, ein Tod, wie ihn König Pharao einst erlebt hat, als er die vor Georgi und vor Michaeli von Aegypten ausziehenden Israeliten mit seiner Rotte durch das krebsrothe Meer verfolgte.

Die Wasserreserven des kgl. Hoftheaters könnten durch ein solches Ersäufen des Schicksals die ganze Menschheit zu ewigem Danke verpflichten, und alle Klagen schwer Bedrängter, z. B. der gering Besoldeten, über ihr nicht mehr existirendes Schicksal, müßten als gegenstandlos verstummen.

Jedes Theater ist ein Reich der Phantasie.

Gewöhnliche Theater werden gewöhnlich von Tyrannen regiert, unter welchem Worte Altgriechenland ursprünglich und im besseren Sinne **Alleinherrscher** verstand. Am Ende des peloponnesischen Krieges, im vierten Jahre der 93sten Olympiade, führten die Lacedämonier die Regierung der **dreißig Tyrannen** in Athen ein, die Anfangs ziemlich gut regierten, denn neue Besen kehren gut, aber bald willkürlich zu herrschen begannen, ohne sich um die Gesetze zu bekümmern.

Von diesem Schlage mögen wohl die Tyrannen der gewöhnlichen Theater sein.

Die Spartaner kochten nicht nur die bekannte miserable spartanische Suppe, gegen welche unsere Rumfordsuppe freilich eine delikate Schildkrötensuppe ist, sondern kochten auch das Gesetz, daß jeder Athenienser, der um der Tyrannen willen sein Vaterland verließe, gefesselt dahin zurückgebracht werden sollte, und nur für einen schwachen und sehr humanen Abklatsch dieses Gesetzes halte ich das Uebereinkommen gewisser Theater hinsichtlich ihres Verfahrens gegen durchgebrannte, vertragsbrüchige Künstler und Künstlerinnen.

Bei einem Hoftheater dagegen kann ein Tyrann gar nie aufkommen, nicht einmal im besseren Sinne des Wortes, weil er auch kein Alleinherrscher ist. Denn es ist doch keine Dürrannei zu nennen, wenn ein beliebter Komiker in einer andern Rolle, als in der des Pappageno in der „Zauberflöte," mit einem großen An=

spielungsschlosse vor seinem Munde erscheint, und dafür ein wenig, vielleicht zur Sühne des eingedrungenen Witzpfeiles, hinter Schloß und Riegel gelegt wurde. Aus andern Gründen mußten gar Viele, nicht bloß lang, sondern sehr lange, gesetzte Männer bleiben, die mit Fug und Recht statt eines Schlosses ein großes Fragezeichen vor ihren Mund hätten kleben dürfen, ohne einen überflüssigen Wechsel ihres Aufenthaltes befürchten zu müssen.

Den Theaterfreunden dürfte es gewiß erwünscht kommen, die Regenten unsers kgl. Hoftheaters in München seit dem Beginne dieses Jahrhunderts kennen zu lernen. Ich bringe ihnen hiemit ein

Chronologisches Namens-Verzeichniß
der kgl. Hoftheater-Intendanten in München
von 1800 bis 1862.

Herr von Babo von 1799 bis 9. September 1810.

Herr von Lamotte vom 10. September 1810 bis 31. März 1820.

Herr Stich vom 1. April 1820 bis 30. Sept. 1823.

Herr Baron von Weichs vom 1. Oct. 1823 bis 30. April 1824.

Herr Baron v. Poißl vom 1. Mai 1824 bis 31. Januar 1833.

Herr von Küstner vom 1. Februar 1833 bis 31. Januar 1842.

Herr Graf von Yrsch vom 1. Februar 1842 bis 31. Januar 1844.

Herr Baron von Frays vom 1. Febr. 1844 bis 31. December 1847.

Herr Baron von Poißl vom 1. Januar 1848 bis 2. Juli 1848.

Herr Baron von Frays vom 3. Juli 1848 bis 31. Januar 1851.

Herr Dingelstedt vom 1. Febr. 1851 bis 31. Jan. 1856.

Herr Baron von Frays vom 1. Febr. 1857 bis 31. Juli 1860.

Aus diesem Verzeichnisse ist zu ersehen, 1) daß in 60 Jahren unter 9 Hoftheater-Intendanten nur 2 bürgerliche regierten: die Herren Stich und Dingelstedt, und 2) daß die dreimalige höchst ehrenvolle Berufung des Herrn Barons von Frays ein glänzendes Zeugniß seiner Leistungsfähigkeit als Hoftheater-Intendant ist. Seinen wiederholten Bitten um Enthebung von diesem Posten wegen anhaltender Kränklichkeit, wurde endlich im Jahre 1860 entsprochen, nachdem der Herr Baron zuvor versuchsweise vorläufig noch Urlaub für die Monate April, Mai, Juni und Juli erhalten hatte.

Nun war die vielbeneidete Stelle eines kgl. Hoftheater-Intendanten erlediget, vielbeneidet, obgleich ein geistreicher Fürst schon im Jahre 1836 gesagt hatte:

„Kein Wunder, wenn der k. Hoftheater-Intendant das Gallenfieber bekommt!"

Neuclassische Reformatoren der deutschen Bühne wurden lebendig in größeren Zeitungen, deren Spalten ihnen zu ihren Bedürfnissen immer offen stehen, und verkündeten ihr Evangelium vom goldenen Zeitalter unserer Hofbühne, das unfehlbar eintreten müßte, wenn man, was sie so ziemlich unverblümt zu verstehen gaben, Einem von ihnen die Stelle eines Hoftheater-Intendanten übertragen, und die bramatische Tiara der Oper, des Schauspieles und des Balletes auf sein schöpferisches Haupt stülpen würde.

Um zu erfahren, ob der Wind ihnen günstig wehe, ließen Einige bramatische Ballone steigen, von denen jedoch die Meisten, wie es auch gewöhnlich den Luftschiffern zu begegnen pflegt, gefallen sind, ohne wieder aufgefunden zu werden.

In dem Werke des Herrn von Küstner: „**Vier und dreißig Jahre meiner Theaterleitung in Leipzig, Darmstadt, München und Berlin, Leipzig 1853**," ist Seite 10 zu lesen:

„So äußerte der König Ludwig von Bayern, daß er bei meinem Abtreten von der Intendanz kein geeignetes Individuum an meine Stelle zu setzen wüßte, während es doch an solchen bei der Besetzung der wichtigsten Stellen im Staate nicht fehle. **Dieß ist allein baburch zu erklären, daß, wie oben gesagt, keine Gelegenheit geboten wird, sich praktisch zur Theaterleitung vorzubereiten.**"

Diese sehr richtige Ansicht wurde vortrefflich illustrirt durch die vertrauensvolle Wahl des Herrn Wilhelm Schmitt zur provisorischen Leitung der Hoftheater-Intendanz vom 1. April 1860 an, da er als kgl. Secretär derselben und Hoftheater-Inspektor in der langen Reihe von 25 Dienstjahren Gelegenheit fand, sich vollkommen damit vertraut zu machen. Wie sehr ihm dieß gelungen ist, haben wiederholte kgl. allerhöchste, zum Fortfahren auf diesem Wege ermunternde Zufriedenheitsbezeigungen, zwei Orden, die Ernennung zum k. **Hoftheater=Intendanz=rathe** am 22. Januar 1862, überfüllte Häuser und volle Cassen, welche thatsächliche Beweise eines gewonnenen Theaterpublikums sind, ehrend anerkannt. Die Marmorbüsten dieser 10 **Intendanz=Märtyrer** sollten ein Foyer, und ihre Bildnisse eine Theaterzeitung schmücken.

Als ein Apostel der Wahrheit darf ich aber nicht einseitig sein, sondern muß auch jener **Wirkungen** rühmend gedenken, mit denen uns eine Hoftheater=Intendanzleitung durch einen **neuclassischen** Reformator der deutschen Bühne auf eine wundersame Weise würde überrascht haben.

Er hätte gar bald eine **Dankadresse** sämmtlicher theaterfreundlichen, Crinolinentragenden Damen für die galante Vorkehrung erhalten, den Stuhl rechts und den Stuhl links von ihren Parketsitzen zur unstörbaren Ablagerung ihrer stahlgeschwellten Pfauenschweifräder benützen zu können.

Im Interesse der Theaterstatistik würde er gleichfalls sofort eingeführt haben — die **Vormerkungen**, und zwar jener **früheren** zahlreichen Theaterfreunde, die jetzt durch ihre Abwesenheit glänzen wollten, eine Riesenarbeit, nicht zu bewältigen ohne eine bedeutende Vermehrung des unermüdlich=fleißigen Theatercassa=Personals, das sich auch an der Tagescasse durch Geschäftsgewandtheit und artiges Benehmen auszeichnet.

Der Hauptzweck eines neuclassischen Reformators der Bühne, als Intendant, könnte nur die höhere, neuclassische Bildung des Volksgeschmackes sein, unbekümmert um die gemeine Nebensache: Geldeinnahme durch volle Häuser.

Als Neuclassiker würde er gewiß auch die Geschichte des Münchener-Hoftheaters kennen, und darin ein vortreffliches Hausmittel aufgezeichnet finden, wo nicht immer, doch wenigstens so lange volle Häuser zu machen, bis die Zuschauer wieder zur Besinnung kämen. Er dürfte nur dem Kurfürsten von Bayern nachahmen, Ferdinand Maria, geb. den 31. Oct. 1636, gest. den 26. Mai 1679.

Dieser Kurfürst hat im Jahre 1662, also gerade vor zweihundert Jahren, in dem Schauspielhause hinter der Salvatorkirche, welches nach dem Muster des Palladio'schen zu Vicenza im Jahre 1658 gebaut, und im Jahre 1802 abgebrochen wurde, die italienischen Opern mit großer Pracht bei freiem Eintritte des Adels und des Volkes aufführen, und die Textbücher, ja sogar die Abbildungen der neuen Scenerien, unter die Zuschauer austheilen lassen!

Als der Kurfürst Carl Theodor noch in Mannheim regierte, hatte der Hof, nebst den im Winter mit dem höchsten Kunst- und Prachtaufwande vorgeführten italienischen Opern, ein sehr gutes französisches Schau- und Singspiel erhalten, und den Eintritt dem Publikum so wie den Fremden freigegeben, den Fremden, die bei uns zur Zeit sich glücklich schätzen, gegen freudige Bezahlung erhöheter Preise noch ein Billet erhalten zu können, im Falle sie auf die Vormerkung vergessen haben!

Sollte also, was zwei kunstsinnige Fürsten für Italiener und Franzosen thaten, nicht der bereitwilligsten Nachahmung eines deutschen neuclassischen Bühnenreformators für Deutsche würdig sein, der dadurch seinen erhabenen Zweck der höheren neuclassischen Geschmacksbildung des Volkes, und zwar für dieses am wohlfeilsten, erreichen könnte, während vor 50 Jahren der Vorhang des kgl. Hoftheaters an der Residenz in Medaillonform seinen einfachen Zweck auf die bescheidene Inschrift beschränkte: „Für Tugend und gute Sitten?"

Die nordamerikanische Union war einst in der höchsten Bestürzung, und wußte sich nicht zu rathen und zu helfen, weil in ihrem Schatze mehr als 400 Millionen Dollars sich angehäuft hatten. Leider ereignete sich diese furchtbare Staatscalamität erst einige Jahre nach meiner Heimfahrt von New-York nach Europa, und ich hatte leider vergessen, der Regierung zu Washington meine Adresse zurückzulassen, um sie als einen Abzugscanal für ihre Geldüberschwemmung benützen zu können.

Auch dem neuclassischen Bühnenreformator könnte das Unglück begegnen, daß er, nach Abzug aller Ausgaben, wegen Verwendung der colossalen Ueberschüsse in eine rathlose Verlegenheit geriethe.

Als Menschenfreund würde ich herzlich gerne dafür stimmen, mit diesem brillanten Fond eine kleine Gehaltsaufbesserung, nämlich mindestens eine Verdoppelung der Besoldungen der allermeisten Mitglieder unsers kgl. Hofcapelle= und Hoftheaterorchesters vorzunehmen, des ersten und musterhaftesten Orchesters der Welt, welches Kaiser Napoleon I. schon im Jahre 1805, während seiner Anwesenheit in München, für weit besser erklärte, als sein eigenes in Paris; aber als Künstlerfreund muß ich diese Angelegenheit vorerst noch in reiflichere Erwägung ziehen.

Künstler jeder Art, sohin hier beziehungsweise alle Herren Hofmusiker, sind veredelte Menschen, weit erhaben über die dringendsten Bedürfnisse der gemeinen Natur, z. B. Essen, Trinken, Holz und Licht, Zahlen gesteigerter Miethzinse, Kleidung, Bildungskosten der Kinder u. s. w. bei den gegen früher um 100 Procent erhöhten Preisen aller für den Hagestolzen wie für den Familienvater nothwendigsten Dinge.

Satt essen und trinken wäre übrigens solchen Künstlern nicht zuträglich, weil sie durch den vollen Magen eine schwere Hand bekämen.

Ich weiß aber noch einen andern guten Rath.

Dichter sind eine Art Künstler, und die Herren Hofmusiker sind nicht blos Künstler, sondern auch eine Art Dichter, indem sie wegen ihres Fortkommens dichten und trachten.

Schiller hat in seinem Gedichte: „Die Theilung der Erde" gesagt: „Daß die Dichter an

Jupiters Tafel täglich unentgeltlich essen und trinken können."

Gleiches Recht, diese Einladung zu benützen, haben auch die Herren Hofmusiker als Dichter, und Jupiter würde lächelnd mit seinem olympischen Haupte nicken, wenn beide Sorten von Dichtern in verleger= losen Manuscripten oder in Baßgeigenfutteralen den unaufzehrbaren Ueberfluß der Tafel ihren schnap= penden Familiengruppen heimbrächten.

Wenn aber beide Sorten von Dichtern den Zeit= verlust durch den weiten Weg, und die größere Schuh= macherrechnung in Folge ungewöhnlich schnell abge= nützter Stiefelsohlen scheuen, dann freilich bleibt ihnen nichts Anderes übrig, als die Wirthstafeln des Hôtel Leberwurst und des lachenden Wirthes durch ihre Theilnahme zu verherrlichen.

Vor dem Schlusse dieses Artikels will ich noch ein Geheimniß verrathen, nämlich das Zauber= mittel, dessen sich unsere gegenwärtige Hoftheater= Intendanz bedient, so oft sie eben in der Stimmung ist, Geld in ihre Casse regnen zu lassen.

Bekanntlich besaß Fortunatus Wunschhütl ein Zaubertischlein. So er rief: „Tischlein richt' dich!" stand das Tischlein da, mit den köstlichsten Speisen und Getränken, aber weiter nichts.

Das Zaubertischlein der Intendanz wirkt noch viel zauberischer; denn auf den Ruf: „Tischlein, richt' dich!" prangen die auserlesensten Kunstge= nüsse auf demselben, während die riesige Schublade von Geld starrt: der Vorhang des Theaters rollt auf, und das Zaubertischlein, — die anmuthige

Stehle — singt und spielt wunderſam das Gretchen im „Fauſt."

Wenn die Theaterfreunde auch in andern Opern, den Namen „Stehle" auf dem Theaterzettel leſen, ſo regen augenblicklich die Guldenſtücke in ihren Taſchen die ſilbernen Schwingen zum raſchen Fluge auf dem Pfade zur Vormerkung:

„Was rennt das Volk, was wälzt ſich dort
„Zu der Theatercaſſe fort?"

Nur noch eine ſanfte Mahnung an die begeiſterten Verehrer der kunſtreichen Sängerinn Fräulein Stehle!

„Nennt doch die Stehle niemals Nachtigall,
„Ein abgenütztes Lob ſchon überall!
„Denn hören müßt ihr ja, daß trägt die Stehle
„Ein Nachtigallenneſt in ihrer Kehle!"

*

Dramatiſche Künſtler und Künſtlerinnen, aus verſchiedenen Städten Deutſchlands zuſammengeſucht, haben vor einigen Jahren bei uns, auf erhaltene Einladung, ſogenannte Muſtervorſtellungen gegeben, und gefallen.

Nach meiner Anſicht würde unſer Hoftheater-Kunſtperſonal, aus der einzigen Stadt München, genügen, in allen Städten, aus denen jene Muſter kamen, gleichfalls Muſtervorſtellungen geben zu können, und zwar mindeſtens mit gleichem Beifalle, auch würde es an der Einladung dazu nicht fehlen, wenn bei uns die Theaterferien eingeführt wären.

Da ich „wie närriſch" für unſere tobten Theatergrößen ſchwärme, ſo werde ich von dieſen, ſo wie von unsern lebenden, gelegentlich in einer eigenen Flugschrift sprechen, unter dem bedeutungsvollen Titel: „Was die Coulissen sich erzählen," und ich gedenke diese Flugschrift aus weiser Vorsicht vor ihrer Veröffentlichung in eine Anticonfiscations- und Antipreßprozeßversicherungsanstalt einschreiben zu lassen.

Ein Jursichmacher hat vor mehr als 30 Jahren in einem Verzeichnisse die Titel von Theaterstücken zur geheimnißvollen und räthselartigen Bezeichnung von Künstlern und Künstlerinnen zusammengestellt, welches als ein Curiosum nachfolgend mitgetheilt wird, mit dem lebhaftesten Bedauern, daß ich aus Mangel an Scharfsinn und Geduld die Namen bisher nicht herausfinden konnte, die ich jedoch aus besonnener Discretion jedenfalls hier nicht genannt hätte.

Herren und Damen:

Der Graf von Gleichen. Der arme Student. Das Räuschchen. Bär und Pascha. Der verwunschene Prinz. Der Wirrwarr. Dumm und gelehrt. Der lustige Schuster. Sorgen ohne Noth. Die Familie Maxenpfutsch. Die Zauberflöte. Das Kind der Liebe. Die Zerstreuten. Die Schauspielerin wider Willen. Die Eintagsköniginn. Der Spieler. Das Mädchen aus der Vorstadt. Preciosa. Armuth und Edelsinn. Das übel gehütete Mädchen. Ich bleibe ledig. Die Regimentstochter. Die Liebe im Eckhause. Ein weißes Blatt. Die natürliche Tochter. Sie mengt sich in Alles. Das öffentliche Geheimniß.

Was ihr wollt. Stille Wasser sind tief. Die Stumme von Portici. Kabale und Liebe. Donna Diana. Der arme Port. Die Jungfrau von Orleans. Die Entführung aus dem Serail.

Ein kleiner späterer Nachtrag ist von einer Damenhand völlig unlesbar gekritzelt. Der Glückliche, welcher mit einem zärtlichen Briefe von dieser Hand heimgesucht wird, hat ihn durch eine gelungene Enträthselung gewiß redlich verdient.

*

Recensenten.

„Schlagt ihn todt, den Hund, 's ist ein Recensent!"
Göthe.

Der Kurfürst Carl Theodor in Mannheim drang auf den Vollzug seines beharrlichen Willens, daß daselbst ein Hof- und Nationaltheater gegründet, und eingerichtet werden solle. Weise Staats- und Geschäftsmänner, obgleich in der Literatur vollkommen bewandert, aber sich nicht zutrauend, öffentliche Kunstanstalten durch die gewöhnlichen Formeln einzurichten und zu leiten, machten den Antrag, dieses Geschäft einem Gelehrten von bewährter Kenntniß und Erfahrung zu übertragen. Sie riefen Lessing herbei, der durch seine dramaturgischen Blätter sich diese ehrenvolle Einladung erwarb.

Als er einige Vorstellungen gesehen hatte, äußerte er sein Befremden, daß man ihn gerufen habe, etwas zu machen, das schon fertig wäre. Sicher wollte sich Lessing mit dieser ironischen

Aeußerung einen Jux machen, denn zur Schmeichelei fehlte ihm das Talent. Er wollte jedoch, um gleichwohl etwas zu thun, ein Paar **theoretisch** gebildete Schauspieler einführen, und sie den **Naturkünstlern** als **kunstgerechte Vorbilder** aufstellen.

Diese mißfielen sowohl dem Hofe als dem Publikum.

Man ließ ihnen den bedungenen Jahrgehalt, und sie konnten, gut honorirt, nach Belieben fortziehen, wohin sie wollten.

Für **Lessing** war dieses Ereigniß so bitter, daß er selbst bald nachher abreiste, von **Carl Theodor** fürstlich beschenkt.

Man ersieht hieraus, daß ein bloßer **Theoretiker**, selbst ein **so großer**, wie Lessing, nicht im Stande ist, als Hoftheater-Intendant zu genügen, was doch bei uns jeder junge, kleine oder große, Theaterfreund sich zutraut, der lesen, schreiben, rechnen, und die Theaterzettel buchstabiren kann.

Lessing hat auch Theaterstücke geschrieben, die man aus einem fortgeerbten Vorurtheile und aus butterweicher Pietät für **classisch** hält; z. B. „**Mina von Barnhelm**," die zur sittlichen Entrüstung aller öffentlich ehrbaren Damen einem **Offizier** nachreiset, und „**Nathan der Weise**," der als ein Jude den Weisen spielen, und sohin einen Beinamen sich anmaßen will, nach welchem schon so viele ordentliche, außerordentliche und Honorar-Professoren nebst Docenten an den berühmtesten Universitäten bisher vergebens gerungen haben.

Wären diese zwei Theaterstücke erst in unsern Tagen aus unserer Mitte erschienen, die neuclassische Kritik hätte sie bereits zu Charpie zerzupft.

Es gibt Theaterrecensenten, die über die beste Auswahl von Theaterstücken wie unverschämte Rohrsperlinge schimpfen, wenn nicht auch ihre neuclassischen Stücke darunter figuriren; sie thun dieß aber nicht aus bösartigem Antriebe eines gemeinen Charakters, sondern aus einseitiger Gedächtnißschwäche, indem sie sich nicht mehr erinnern, daß ihre Stücke gefallen sind, aber nicht gefallen haben, was durch eine Unkunde der Bedeutung der Hilfszeitwörter sich leicht entschuldigen läßt. —

Lessing hat auch in seinen bramaturgischen Fragmenten ein Zopfrecept für die Recensenten zur Handhabung der Kritik hinterlassen, also lautend:

„Gelinde und schmeichelnd gegen die Anfänger, mit Bewunderung zweifelnd, mit Zweifel bewundernd gegen den Meister; abschreckend und positiv gegen den Stümper, höhnisch gegen den Prahler, und so bitter als möglich gegen den Kabalenmacher."

Dieß sieht aus wie graue Theorie; ein modernes, grünes, praktisches Recept, ertheilt einfach den guten Rath: daß die Kritik um so strenger verfahren solle, je höher die Gage des Künstlers ist, sohin gegen einen Gegenbezug von 3000 fl. um 10 Procent strenger, als gegen einen Gehalt von 300 fl, jedoch mit besonderer Rücksichtnahme auf Liebe, Freundschaft und Dankbarkeit. —

Jeder Recensent bedenke wohl, daß die bramatischen Künstler und Künstlerinnen nicht den leisesten Tadel verdauen, und durch das größte Lob nicht befriedigt werden können, ein nervöser Gemüthszustand, an welchem aber auch die meisten übrigen gewöhnlichen Menschen zu leiden pflegen. Was mich betrifft, so möchte ich weit lieber eine von unsern 125 freien Erwerbsarten wählen, z. B. jene eines Leimsieders, als den dornenvollen Posten eines Theaterrecensenten, der einst Saphir aufgestachelt hat, auszurufen:

„… Ihr habt in gährend Drachengift
„Die Milch der frommen Denkart mir gewandelt,"
und den famosen Generalpardon zu schreiben, der noch heut zu Tage in seinem „Bazar" Nr. 304 vom 1. December 1830 überaus erbaulich zu lesen ist.

Geld=Brozen

werden, gewöhnlich von Geldlosen, Jene genannt, die recht viel Geld haben, sich recht viel darauf einbilden, und recht groß damit thun, zugleich auch mit verachtender Geringschätzung auf Vermögenlose herabschielen.

Gleich und Gleich gesellt sich gern. Ist die Frau Gemahlin eines Geld=Brozen seine Gesinnungsgenossin, was sie bei Vermeidung geldbrozerischer Behandlung sein muß, so ist es der witzige Lieblingsausspruch einer Geldbrozin, jede Gattin eines Beamten eine „Büchsel=Madame" zu schmähen, ohne an die Möglichkeit zu denken, daß wohl ihre volle eiserne Geldkiste für immer leer werden kann, nicht aber jenes Büchslein, ja sogar der keineswegs beispiellose Fall denkbar ist, daß der Herr Broz und die Frau Brozin sammt ihren Brözchen unter die Fittige des Armenpflegschafts=rathes sich flüchten müssen.

Woher stammt das Wort „Broz?"

Broz ist in der bayerischen Volksmundart die weit verbreitete Bezeichnung der Kröte, wie sie in der Schriftsprache heißt, die sich aufbläht, wie der Frosch, der sich sogar des Vorzuges erfreuen darf, daß an Fasttagen seine Schenkel gespeiset werden, während der noblere Laubfrosch schon längst zur gläsernen Standeshöhe eines Barometers sich emporgeschwungen hat, ohne Flügel zu haben, wie die Mücken, die er so gerne schnappt.

Bei uns sind vorzüglich dreierlei Arten Frösche anzutreffen: 1) der gemeine braune oder graue Frosch, auch Garten= und Grasfrosch genannt; 2) der grüne oder eßbare Wasserfrosch, und 3) der Laubfrosch.

Jedenfalls war es ein gemeiner Frosch, der einst, wie uns der buckelige Fabeldichter Esop erzählt, eben so groß werden wollte, wie ein Ochs, den er auf einer Wiese weiden sah, und in dieser Absicht sich so lange aufgeblasen hat, bis er zerplatzte.

Er war aber nicht bloß ein gemeiner Frosch, sondern auch ein erzdummer Kerl, der es gar nicht merkte, daß er schon bei dem Gedanken, sich bis zur Größe des weidenden Ochsen aufzublasen, ein viel größerer Ochs war. Sein klägliches Ende hätte er sich also ersparen können.

Die Gelbbrozen sind, nach gleicher Volks=mundart, meistens auch Ruachen, Leute, die nie genug bekommen, nicht zu verwechseln mit den sehr guten Fischen, welche Huchen heißen. „Ruach" ist eigentlich ein hebräisches Wort, und heißt: „**Diener des Satans.**"

Deßhalb kaufen manche Gelbbrozen auch Häuser, und brozeln den Miethleuten zu: „**Kauf bricht Miethe!** Ihr ziehet also aus, oder zahlet um so und so viel mehr Miethe!" Das nennt man „**auf das Haus schlagen,**" — wodurch leider nicht das Dach, sondern die Miethleute getroffen werden, — wie andere Gewerbe auf ihre Waaren schlagen, wenn diese nicht zerbrechlicher Natur sind. Durch die Steigerung der Miethpreise steigt der Werth des Hauses, und ein neuer Käufer wird angelockt, der es wieder gerade so macht.

Also: „**Kauf bricht Miethe,**" in wenigen Städten, wo dieser Zopf noch nicht abgeschnitten wurde. Die kluge Partei, welche den höhern Mieth=zins nicht entrichten mag, zieht aus, und ihr frü=herer Hausherr, bei dem sie einmiethete, soll schuldig sein, ihr die Umzugskosten und den allenfalligen Mehrbetrag der Miethe in ihrer neuen Woh=nung, nach der Berechnung bis zum nächsten Zins=ziele, zu bezahlen. Man beruft sich auf Er=kenntnisse dieser Art. Wohl zu beachten!

Baron Rothschild, der größte Grundbesitzer in Paris, hat kürzlich aus eigenem Antriebe die Miethzinse in seinen Häusern auf die Hälfte herabgesetzt; so jüdisch, wie dieser reiche und hochherzige Jude, handeln unsere Christen freilich nicht!

Unter den Geldbrozen sind auch Wucherer zu finden, obgleich gewisse, moderne, erleuchtete Nationalwirthschaftler behaupten, daß man die Wuchergesetze aufheben solle, da es keinen Wucher gebe, indem das Geld eine Waare sei, deren Preis, wie bei jeder andern Waare, nur durch die Nachfrage bestimmt werden solle.

Seit einiger Zeit ist den Wucherern, nämlich den Geldwucherern, auf eine eigenthümliche, völlig unerwartete Weise das Handwerk gelegt worden, denn es gibt jetzt Selbstwucherer, wie es Selbstmörder gibt. Personen, die mit ihren Finanzen auf einem gespannten Fuße stehen, gehen jetzt nicht mehr in die Wohnungen der Wucherer, um sich die Haut über den Kopf abziehen zu lassen, sondern setzen etwa in die Zeitung: „50 fl. demjenigen, der 200 fl. auf 4 Monate sogleich verschaffen kann." „Der Arme!" denkt man sich; 50 fl. für's Aufbringen, dazu noch wucherische Zinsen!

Ueberflüssiges Mitleid! Wenn der Geldsucher von irgend einem Esel, oder von einem verwegenen Wucherer diese 200 fl. bekommt, werden ihm die 50 fl. und die fetten Zinsen gleich abgezogen, den Rest aber verwandelt der pfiffige Geldsucher in ein unverzinsliches Ewiggeld!

Grabschrift eines Wucherers.

Ein reicher Filz, der schändlich Wucher trieb,
Liegt, von der Welt verabscheut, hier begraben.
Er raubte nicht, wie ein gemeiner Dieb,
Drum fressen ihn die W ü r m e r statt der R a b e n.

Der Tod

ist der Präsident der großen stummen Republik mit Freiheit, Gleichheit und Brüderlichkeit, der Scharfrichter alles Lebenden, Generaldirector der unterirdischen Zellenhaft, ein Busenfreund aller ungeschickten Aerzte, der Würgengel in Schlachten, Gründer des großen Speditionshauses Pest, Cholera, ansteckende Seuchen, tödtliche Krankheiten und Comp., Collegialvorstand und Berather aller Menschenlebenvertilgungsmaschinenerfinder, Compositeur und Musikdirector aller Schwindsuchtwalzer, Associé von Erdbeben, Ueberschwemmungen, Meeresstürmen, Schiffbrüchen und Negersclaventransporten, und ein besonderer Liebhaber von S e l b s t m ö r d e r n, die er mit dem nämlichen Appetite verzehrt, wie ein Feinschmecker die F r ü h k a r t o f f e l n.

Das T o d t e n g e r i c h t war bei den alten Aegyptern eine merkwürdige, diesem Volke eigenthümliche Sitte, welche D i o d o r der Sicilier (B. 1. 92.) beschreibt, die jedoch nicht allgemein üblich, sondern nur auf die Hauptstadt des Reiches, M e m p h i s, beschränkt gewesen zu sein scheint. Ehe der Leichnam eines Verstorbenen beerdigt werden konnte, versammelten sich an einem bestimmten Orte, nahe bei dem See Möris, über welchen die Leichen in einem besondern Kahne an das jenseitige Ufer gefahren wurden, vierzig Richter, und es stand Jedermann frei, vor ihnen den Verstorbenen anzuklagen. Fanden die Richter die Anklage gegründet, hatte besonders der Verstorbene Schulden hinterlassen, so wurde ihm das gewöhnliche ehrliche Begräbniß verweigert, und die Verwandten mußten die Leiche bei sich in der Stille beisetzen.

Bei uns gibt es auch ein Todtengericht, das jedoch von edlen, uneigennützigen Lästerzungen unentgeltlich, und mit dem größten Eifer versehen wird. So wenig auch an ein Aufhören der in dieser Beziehung bethätigten Bereitwilligkeit der Lästerzungen zu denken ist, so dürfte es doch besser sein, das Todtengericht im ägyptischen Style im ganzen Lande einzuführen, für jeden Kirchhof desselben vierzig Richter zu bestimmen, und als solche, mindestens mit einem Jahresgehalte von 800 fl. und einem seinerzeitigen Freiplatze auf dem zugewiesenen Kirchhofe, jene geprüften Rechtspraktikanten anzustellen, die bisher noch keinen amtlichen Abzugscanal für ihre erworbenen Kenntnisse gefunden haben. An einer übergenügenden Zahl vollkommen befähigter Bewerber wird es gewiß nicht fehlen.

Aber zwei wichtige Bedenken tauchen in mir auf, welche bei der Einführung des Todtengerichtes bei uns, eine wesentliche Aenderung in den Bestimmungen des ägyptischen zu veranlassen geeignet sein dürften.

Wenn nämlich bei uns erstens alle Verstorbenen, welche Schulden hinterlassen, kein ehrliches Begräbniß erhalten sollten, so würden nicht nur die Meisten, die bei den Kosten eines solchen als Profitirer betheiligt sind, unberechenbare Nachtheile erleiden, sondern auch die Kirchhöfe selbst veröden, und zweitens der Sanitätsrath, und die Verwandten, welche die Leichen bei sich in der Stille beisetzen müßten, während sie selbst, ungeachtet wucherisch gesteigerter Miethzinse, in ihren Wohnungen nur kümmerlich Raum finden, in die äußerste Verlegenheit gerathen.

Es gibt eine Menge Leute, die sich vor den Todten fürchten; ich nicht. Ich könnte Todte dutzendweise in meinem Schlafzimmer aufstapeln lassen, vorausgesetzt, daß mir die Wahl frei stände. Ich würde lauter todte — Capitalien wählen, und fleißig Wiederbelebungsversuche mit ihnen vornehmen, die gewiß nicht ohne Erfolg bleiben könnten.

In Schuldverschreibungen und andern Urkunden liest man häufig die Worte: „mit eigener Hand unterzeichnet," und denkt sich dabei: „natürlich! Er wird doch nicht mit der Hand eines Andern unterzeichnen."

Erklärung: Die Leibeigenen haben todte, d. h. keine freien Hände, über ihre Sachen zu verfügen und ein Testament zu machen. Daher pflegte man, um anzuzeigen, daß man in einer Sache uneingeschränkte Befugniß habe, und unter keiner Leibeigenschaft, Hörigkeit oder Curatel stehe, den Zusatz beizufügen, daß man seine schriftlichen Urkunden mit eigener Hand — manu propria — unterschrieben habe.

Die Zeit ist die Bundesgenossin und Hauptbuchhalterin des Todes, erste Vorarbeiterin und Bleichmeisterin in der großen Universalknochenfabrik desselben, deren Filialanstalten die Schlachtfelder sind. Die Zeit ist nur Menschenwerk, eine auf Kalender und Uhren abgezogene Ewigkeit; wer sich also mit den Worten entschuldigt, „ich habe keine Zeit," hätte eigentlich recht, hat aber sogleich Zeit, wenn die Zeit kommt, einen Gehaltsschein zu schreiben, Geld für Coupons oder anderes Guthaben zu erheben, oder Vortheile irgend einer Art, an eine bestimmte Zeit gebunden, sich zu verschaffen.

Der Tod befreiet, als erster Leibarzt auf Erden, die Kranken für immer von ihren peinlichsten, unheilbaren Uebeln, was übrigens häufig auch gewöhnliche Aerzte zu leisten vermögen; wär' es schicklich, solchen Kranken manche Gedichte vorzulesen, welche erst nach ihrem Tode als „Nachruf" oder „Blumen auf das Grab" in Zeitungen erscheinen, so könnte die von solchen Patienten oft selbst ersehnte Auflösung durch einen wohlthätigen Schlagfluß wesentlich beschleuniget werden. —

Der Kirchhof

„Am Ruheplatz der Todten, da pflegt es still zu sein,
„Man hört nur leises Beten bei Kreuz und Leichenstein."
Uhland.

ist das Haus=Archiv des Todes, und die Gräber sind die Aktenfächer, in welche die Leichen von seinen Commis oder Archivsgehilfen, den Todtengräbern und Stricklenkern, wie Akten versenkt werden. Dieses Archiv hat für das Personal das Bequeme, daß nie Vorakten verlangt werden, außer in seltenen Fällen des Verdachtes einer Vergiftung oder einer andern geheimnißvollen Ermordung, wenn das Gericht zum Befehle der Ausgrabung veranlaßt wird.

Lachende Erben lassen den Verstorbenen, in Folge testamentarischer Verfügung oder aus Schicklichkeitszwang, prächtige Grabsteine mit lobpreisenden Inschriften setzen, von colossaler Größe, die geeignet ist, jedes Auferstehen vor dem Tage der Auferstehung zu verhindern.

Bei dieser Gelegenheit muß ich, selbst den zärtlichsten Ehegatten, den wohlgemeinten und sehr praktischen Rath ertheilen, im Falle er oder sie stirbt, in die Inschrift eines kostbaren oder eines bescheidenen Grabdenkmals, ja nicht das Wort „unersetzlich," sondern höchstens „unvergeßlich," aufnehmen zu lassen, damit der überlebende Theil nicht beschämt die Augen abwenden muß, wenn er, vielleicht noch innerhalb des Trauerjahres, mit einem angetrauten neuen lebendigen Theile, dem lebendigen Zeugen der Ersetzlichkeit des „unersetzlich" verlorenen Theiles, am Allerheiligenfeste vor jenem Grabsteine steht, um ein Vater Unser andächtig zu beten.

Wird ein junges, gottvolles Töchterchen des Todes Raub, so kann wohl keine tröstendere und sinnigere Inschrift den einfachen Grabstein zieren, als die Worte:

„Von Jugend auf ihres Schöpfers eingedenk,
Hat sie, früh vollendet, viele Jahre erreicht."

Weish. 4. 13.

Der Kirchhof ist das Ende aller irdischen Herrlichkeit. Ueber die Grabhügel gestorbener Staatsgrößen, vor welchen die Leute sich zur Lebenszeit bis zur halben Körperslänge verbeugten, steigen sie nun mit der nämlichen unbeachtenden Gleichgültigkeit, wie über Sandhaufen einer Hochstraße, sogar häufig ohne dankbare Erinnerung an empfangene Wohlthaten.

Der Standesunterschied zwischen Besitzenden und Nichtbesitzenden trotzt selbst noch dem Tode, dem vermeintlichen Gleichheitsapostel der Menschen. Die Besitzerleichen werden im vornehmen Salon ausgestellt, die Nichtbesitzerleichen im Saale der Gemeinen, jene mit mehr oder weniger Schaugepränge der Geldbrozerei. Im vornehmen Salon hab' ich schon weibliche Leichen mit Glacehandschuhen, mit falschen Locken und geschminkten Wangen und neuen weißen Atlasschuhen gesehen, als ob sie bei Holbein's Todtentanze figuriren müßten. Der Werth ihrer Kleider von schwerem Seidenstoffe, die im Grabe vermodern, konnte

hinreichen, armen Familien monatelang ein sorgen=
freies Leben zu bereiten.

Am Festtage **Allerheiligen** — 1. November —
prangen unsere beiden Kirchhöfe in unvergleichlicher,
hochzeitlicher Pracht. Sie sind dann von der Fluth
eines Blumenmeeres in allen Farben und Formen
überschwemmt. Damen in den elegantesten Kleidern
nach der neuesten Mode, welche die Herolde einer
vielleicht innerlichen Herzenstrauer sind, von der man
äußerlich in ihren Mienen keine Spur findet, strömen
zu dieser für die Beschauenden unentgeltlichen
Blumenausstellung; an einzelnen Grabhügeln
in der Mitte zwischen zwei Hauptpfaden, knien arme
Wittwen und Waisen, die einen aus Feldblumen selbst
geflochtenen Kranz brachten, und ihre verlorenen
Ernährer so trostlos und herzzerreißend beweinen,
daß man sagen könnte:

„Kommt und sehet, ob ein Schmerz ist, wie der meine!"
(Klagl. 1. 12.)

Ein sehr hohes Alter einzelner Menschen ist
bei Jenen denkbar, welche der Tod in sein Sterbe=
notizbüchlein früher einzutragen vergessen hat, und
dieses Versehen erst später bemerkt. Vor 4 Jahren
(1858) starb in Santa Cruz in Californien ein
Indianer, Namens **Pebro**, in dem hohen Alter von
130 Jahren. Zur selben Zeit waren das älteste
Paar in der Welt Herr **Suyber** und seine Frau
in Burnside in Pensylvanien, er 111 und sie 107
Jahre alt, 90 Jahre verheirathet; in East=Hampton
in Connecticut lebte eine Indianerin, die 130 Jahre
alt, und noch geistesmunter und kerngesund war.

Daß alle Menschen sterben müssen, scheint mir keineswegs eine ausgemachte Sache. Um nicht zu sterben, kommt es nur darauf an, vom Tode völlig vergessen zu werden; wer also gesonnen ist, nicht zu sterben, weiche allen Aerzten aus, und hüte sich, dem Tode irgendwo zu begegnen, dessen gutes Gedächtniß sich ihrer gleich wieder erinnern würde.

Uebrigens gibt es auch viele Menschen, die nie sterben, selbst wenn sie begraben wurden.

Erlauben Sie mir noch eine Frage:

"Wie können 100 Aerzte von den Einwohnern der Stadt X leben, und wie können die Einwohner der Stadt X mit 100 Aerzten leben?"

Bezirspiegelscherben.

Dichter.

"Der Dichter lebt, so lang die Sterne scheinen."
Geibel.

Ein fataler Ausspruch für die Schillerstiftung, welche irgend einen Dichter mit einer Pension beglückt, und für den Dichter, der demnach die Schillerstiftung ohne ferneren Pensionsbezug überleben muß!

Wenn aber die Sterne nicht scheinen, was bei uns in zahlreichen Nächten der Fall ist, stirbt dann der Dichter? Nein; aber er lebt auch nicht, son=

dern vegetirt nur, bis die Sterne wieder scheinen;
bis zu dieser Frist scheint mir die Schillerstiftung
berechtigt, den Dichter für todt zu halten, sohin
den Pensionsbetrag für die Zeit, wo die Sterne
nicht scheinen, ihm abzuziehen.

Augenzwicker

sind von dem reichen Holländer Borec, einem Di=
plomaten, im Jahre 1814 erfunden worden. Viele
tragen sie aus angeborener oder erworbener Blödigkeit
der Augen; heirathslustige Herren aber, weil sie
sich nicht genug sehen, und Andere aus Spe=
kulation, weil sie wissen, daß zarte Damenherzen
Mitleiden fühlen mit männlichen körperlichen Ge=
brechen, die keine besondere Tragweite haben. Alle
eleganten jungen Herren müssen Augenzwicker tragen,
sonst tadelt man die feinste Toilette als lückenhaft.
Sie bedienen sich auch der sogenannten Panama=
hüte zu 1 bis 2 Thaler per Stück, aber aus be=
sonderer Bescheidenheit nicht der echten, deren
Mehrzahl nicht auf der Landenge von Panama,
sondern, und noch dazu die besten Sorten, in Manta,
Monte Christi und andern Orten Ecuadors gemacht
werden. Ein solcher feiner Hut, zu dessen An=
fertigung oft mehrere Monate nöthig sind, kostet
nur 375 bis 500 Gulden, und eine Cigarren=
tasche, aus dem nämlichen Stroh von Indianern
in Peru geflochten, nur 72 Gulden! Da nun bei
uns weder Damen noch Herren solche Hüte tragen, so
kann von ihrem Hutluxus gewiß nicht die Rede sein.

Das Hofbräuhaus in München

ist das durstgeweihte Panier des unsterblichen Regiments Bier, das die meisten Freiwilligen zählt unter allen Regimentern von Europa.

Meine Muttermilch war — Bier, aber nicht das liebliche, in Mittel=Amerika aus Mais und Ananas gebraute Bier, Chicha genannt, nicht das hoch=gepriesene Bier unserer Tage, dieses wissenschaftliche Kunsterzeugniß der höhern Chemie, welches in allen fünf Welttheilen gesuchter und beliebter ist, als wir selbst, sondern das altherkömmliche, chemiespurlose, malzreiche Klosterbier der Augustiner, von dem ein stark gefülltes Glas auf dem Tische in dem braun=gelblichen Ringe seiner Flüssigkeit kleben blieb, ein unvergleichliches, jetzt leider ausgestorbenes Musterbier, von dem der berühmteste Chemiker nicht zu behaupten gewagt hätte: „daß eine Messerspitze voll Mehl mehr Nahrungsstoff enthalte, als 5 Maß vom besten bayerischen Biere." Dazu kommt, daß jenes klösterliche Naturbier etwa um die Hälfte wohl=feiler war, als unser Kunstbier.

Zu erhöhten Preisen haben wir zeitweise auch etwas stärkeres Bier, als das gewöhnliche, tägliche Bier, das Salvatorbier und den Bock, und beide Sorten werden häufig auch zu förmlichen Trinkkuren verwendet.

Aber die Freude an jenem Musterbiere wird nicht wiederkehren, und mit Recht sagt Geibel:

„Und war die Freude noch so süß,
　Ein Wölkchen kommt gezogen,
Und vom geträumten Paradies
　Ist jede Spur verloren."

Dieses Wölkchen aber ist nichts Anderes, als — die Chemie!

Sitzenbleiben.

„Willst du mein Loos beweinen, nimm mein Auge!"
König Lear.

Sitzenbleiben hat für Ermüdete etwas Behagliches, für tanzlustige Damen auf Bällen etwas Qualvolles, für heirathslustige Damen im jahrelangen Wartsaale der Liebe etwas Trostlos-Schauderhaftes, ein boshaftiges Schicksal, welches reiche Damen niemals zu befürchten haben.

Bisweilen findet auch ein armes Fräulein, wie oft eine blinde Henne ein Weizenkörnchen, einen Hochzeiter, eine sogenannte Versorgung, d. h. sie wird mit Sorgen versorgt.

Wir haben in München nahezu lauter solide Mädchen, wie sie in öffentlichen Blättern, Dienste suchend, glaubwürdig selbst sich tituliren. Sie Alle möchten heirathen, auch die nichtdienenden Töchter mitteloser Beamten und Bürger, die zu Hause bei der Hauswirthschaft mitwirken, oder in weiblichen Handarbeiten einen kärglichen Erwerb finden, aber es fehlt ihnen die Hauptsache dazu — das Geld. Mädchen mit geschäftskundiger Vorbildung können ein selbstständiges Fortkommen finden, und Manches unter ihnen durch einen glücklichen Zufall auch einen Bräutigam; dieses erfreuliche Loos Allen, die dazu Lust haben, zu bereiten, wäre das sicherste Mittel — eine Auswanderung in den fünften Welttheil, nach Australien, wohin sie auf dem

Meere freilich 2 bis 3 Monate länger fahren müßten, als auf dem Dampfschiffe von Starnberg nach Seeshaupt.

In Australien sind die auf Schiffen ankommenden Mädchen ein sehr gesuchter Heirathsartikel, weshalb auch von England aus ganze Schiffsladungen dahin expedirt werden. Sie können heirathen, so wie sie das Land betreten. Um aber ganz sicher zu gehen, und die Mädchen vor dem traurigen Loose zu bewahren, irgend einen Goldgrubenlump zum Gemahle zu bekommen, sollte in jedem Lande des einigen Deutschlands ein Verein von Vertrauensmännern sich bilden, und mit den verschiedenen europäischen Consulen in Australien das Ganze leiten. Zunächst müßte ein wechselseitiger Austausch der photographischen Bildnisse stattfinden, und den australischen ein Consulatszeugniß über den unbescholtenen Leumund und das Vermögen der Bräutigame beigefügt werden. Die Ueberfahrtkosten unserer zu dieser Reise entschlossenen Mädchen sind leicht zu bekommen, wenn sie zusammmenlegen, um jenes Loos des Neuen Eisenbahn- und Dampfschifffahrt-Anlehens zu kaufen, welches den Hauptgewinn von 250,000 fl. macht. Sollten jedoch nur 50 Mädchen diesen Gewinn gemeinschaftlich erhalten, so würde ohne Zweifel eine Theilung des Geldes erfolgen, und Jedes mit seinen 5000 fl. in München einen Gemahl finden. Sie könnten nichts Besseres thun.

Aber reisen Sie ja in keinem Falle nach Nordamerika, selbst nicht nach der Rückkehr des Friedens.

Eine der Eigenthümlichkeiten des nordamerikanischen Klima's ist das erschreckend frühe Altern der Menschen, besonders der Fremden, und am allermeisten der Frauen; Bekannte, die ich vor drei Jahren in Deutschland gesehen, schienen mir bei meinem jüngsten Aufenthalte in Nordamerika, dem Aeußeren, d. h. den ernsten, sorgenvollen Gesichtern und den ergrauten Haaren nach, um mindestens zehn Jahre älter geworden. Junge Frauen, die ihre schönen Gesichter erhalten wollen, sollten Amerika meiden, wie das Grab.

München hat an schönen Mädchen und Frauen keinen Mangel, welche an die bekannten Münchener-Schönheiten erinnern, die vor 30 Jahren in Oel gemalt, und in der vortrefflichen lithographischen Anstalt von Piloty und Löhle durch meisterhafte Bildnisse verewigt wurden. Diese Schönheiten blieben nicht sitzen; manche von ihnen sind schon aus irdischen Engeln himmlische geworden, die noch Lebenden aber hat seitdem die unerbittliche, heimtückische Zeit zu classischen Schönheitsruinen zerbröckelt.

„Das ist das Loos des Schönen auf der Erde!" Dennoch rathe ich vermögenlosen Mädchen, die zufällig nicht bereits schön sind, so bald als möglich schön zu werden, um unter die Haube zu kommen; schöne Mädchen bleiben nie sitzen, außer — bei Tische.

Theegesellschaften der Damen,

in welchen doch etwas ausgerichtet wird, was man den Projekten der Männer nur selten nachrühmen kann, wünsche ich, aus Dankbarkeit für manche glückliche Stunde in ihrer Mitte, etwas recht Lockendes über ihr Lieblingsgeschlürfe, den Thee, mittheilen zu dürfen.

Der schwarze Thee, besonders Congo und Souchong, ist durchschnittlich der echteste. Von 35 Proben, welche untersucht wurden, fand man 23 echt und 12 verfälscht. Die verfälschten Sorten waren die wohlriechenden Pecco und Caper, Chulan oder Black Gunpowder, so wie Nachahmungen derselben von Theestaub. Die Verfälschung bestand darin, daß man das Aussehen des Thee's zu verbessern gesucht hatte, indem man die Blätter mit Reißblei (Graphit), gepulvertem Glimmerschiefer, Indigo und Gelbwurz gefärbt hatte. Theetrinker, sobald sie die wohlriechenden Sorten oder grünen Thee gebrauchen, können fast immer annehmen, ein verfälschtes Getränk zu erhalten.

Die Blätter der Ulmen, Roßkastanien, Weiden, Pappeln, des Schlehdorns und verschiedener anderer zusammenziehender Pflanzen, werden in Thee umgewandelt; die Chinesen machen selbst aus dem Staube in den Theekisten vermittelst Gummi's und der üblichen Farbestoffe eine Sorte, welche sie aufrichtig Lin= oder falschen Thee nennen.

Der redlichste Betrug ist der Wiederverkauf schon einmal gebrauchten Thee's, der durch ein täuschendes Verfahren wie frischer Thee aussieht.

Außerdem ist neuerdings ermittelt worden, daß oft der Mist der Seidenwürmer zur Herstellung von Thee, und seiner rundlichen Form wegen gerne zu grünem Gunpowder benutzt wird.

Guten Appetit, holde Damen, zu Ihrem grü=
nen, Staub=, oder wohl gar Seidenwürmer=
mistthee! Ich ziehe den braunen Thee — des
Hofbräuhauses vor.

Gasthöfe

verschiedenen Ranges gibt es in München sehr viele, die zu mäßigen Preisen allen billigen Ansprüchen derjenigen genügen, die des sprüchwörtlichen Glau= bens sind: „daß Essen und Trinken Leib und Seele zusammenhalten." Ungenügsame fügen noch drei Worte bei: „Gut, viel, oft," vermuthlich aus dem Grunde, damit es den Aerzten nicht an Patien= ten fehle.

Wenn mir unter allen Gasthöfen der Gasthof zu den „Vier Jahreszeiten" der liebste ist, so liegt die Erklärung in der Anspielung auf den Lauf meines Lebens, das übrigens noch nicht auf allen Vieren geht; es ist persönliche Geschmackssache, die nicht selten auch von regierenden Häuptern getheilt wird, und Sache der Gewohnheit, da ich da immer mein Absteigquartier nehme, wenn ich nach dem Schlusse der Herbstjagden von meinen Landgütern nach München zurückkehre, und endlich persönliche Vorliebe für den Besitzer dieses Gasthofes, Herrn August Schimon, der alle ruhmwürdigen Vorzüge eines großen Gasthofbesitzers in sich vereint.

Als Freund der Wahrheit muß ich jedoch be= dauernd bemerken, daß ich auch in diesem Gasthofe, wie in allen hiesigen Gasthöfen, eine Tafel, das Gedeck zu dem, Münchens Wohlstande ganz anpassenden Preise von nur sechzig Gulden vermisse, eine Tafel, an der ich bei der Industrie-Ausstellung von 1851 in London, im Hôtel Clarendon, sechs Wochen lang täglich unvergeßliche Tafelgenüsse erlebt habe.

Da erschienen in Hülle und Fülle die köstlichsten Speisen und Getränke aller fünf Welttheile, und die auserlesensten Früchte: die Ananas aus Guayaquil, die Mangofrucht aus dem indischen Archipelagus, und die wunderbare Chirimoya auf den Abhängen der Anden, deren Geschmack jede andere Frucht übertrifft, und das Meisterstück der Natur genannt zu werden verdient.

Gegen solche Tafelgenüsse sind freilich Nektar und Ambrosia der mythologischen Götter nur eine Kost für arme Pfründner.

Sollte nun irgend ein unternehmender Gasthofsbesitzer dahier eine solche tägliche Clarendontafel, das Gedeck zu 60 Gulden, herstellen wollen, so beliebe er eine büreaufreie Zeit dafür zu bestimmen, damit auch gering besoldete Staatsdiener und Funktionäre an der erheiternden Theilnahme nicht verhindert sind.

Die Parisermode

wird von Allen, die sich einbilden, Verstand zu besitzen, eine grausame Welttyrannin, ein immer formwechselndes Götzenbild, zu dessen Füßen die Damen anbetend liegen, und eine Zauberin geschmäht, welche sie verhext, und dadurch zwingt, jetzt das Abscheuliche mit Begeisterung als Himmlisch zu lobpreisen, und nach kurzer Frist dieses Himmlische wieder als etwas Abscheuliches zu verhöhnen, sobald ein neuer Modeköder aufgesteckt wird. Die griesgramenden Tadler wünschen nichts sehnlicher, als daß diese ungeheuerliche, Geld raubende und moralitätsgefährliche Zauberin öffentlich verbrannt werden möge.

In der That ein sehr menschenfreundlicher Wunsch, die holden Damen von dieser Spielart europäischer Sclaverei zu befreien, aber ein Wunsch, dessen Erfüllung vom Standpunkte der höheren Politik aus nicht rathsam erscheint. So lange nämlich die Damen gehorsame Sclavinnen der Pariser-mode bleiben, ist von dieser ununterbrochenen Gewohnheit des Gehorchens zu hoffen, daß sie auch nicht aufhören, ihren Eltern oder Gatten in allen billigen Dingen zu gehorchen, d. h., wenn sie nicht in ihrem Götzendienste der noblen Putzsucht gestört werden, welche wesentlich von der gemeinen Putzsucht der Holländerinnen verschieden ist, die nur aus dem fanatisch-häufigen Putzen und Scheuern der Zimmerböden und Treppen, und aller Möbel in den Wohnungen besteht.

Geistererscheinungen

werden lächerlicher Weise sogar von jenen Personen für unmöglich gehalten, die selbst sich für Freigeister ausgeben.

Wir hören nichts mehr von Tischrücken und

Geisterklopfen, desto mehr aber von Leiber=
klopfen bei Raufereien.

Es fehlt uns nicht an kleinen, mittleren und
großen Geistern, und an Schöngeistern, und
wenn Einer von diesen Geistern eine Zeitung heraus=
geben will, hat er nicht einmal die schwere Prüfung zu
bestehen: „ob er lesen, schreiben und rechnen kann."

Bei uns brauchen Dichter nicht erst zu ver=
hungern, um nach ihrem Tode ein schönes Grab=
denkmal zu erhalten, dessen Kosten bei ihren Leb=
zeiten hingereicht hätten, sie noch jahrelang dem Leben
und der Dichtkunst zu erhalten; denn wir besitzen
thätige und liberale Verleger, die gewiß nicht gesonnen
sind, auf den hämischen Vorschlag eines müssigen
Spaßvogels einzugehen: Dichter und andere Schrift=
steller auf sogenannte Stöhren in das Haus zu
nehmen, wie die Hausfrauen ihre Nähterinnen und
Kleidermacherinnen, und von denselben die beliebigen
Werke unter den nämlichen Bedingungen ausarbeiten
zu lassen, nämlich gegen freie Verköstigung und 24
Kreuzer baar auf die Hand täglich, obwohl ich nicht
in Abrede stellen will, daß gewiß mancher schwer
bedrängte deutsche Dichter einen solchen Antrag
dankbar annehmen dürfte.

Unsere musikalischen Geister schwärmen für
classische Musik. Einem von diesen classischen
Geistern werde ich nächstens den Antrag stellen, gegen
ein fabelhaftes Honorar meine classische Lieder=
sammlung classisch zu componiren, die ich in der
zauberisch=classisch=melodischen Sprache der Azteken
in Mexiko gedichtet habe; ein genügendes Beispiel

ist das Wort: „Notiapomahniteopirtatzin," welches „Ehrwürdiggeliebter Vater" heißt.

Daß man Geister citiren könne, und daß sie auch erscheinen, ist eine unbestreitbare Thatsache; denn seit mehr als 50 Jahren sind von München aus viele große Geister citirt worden und erschienen, seitdem freilich wieder auf dem Wege der Natur in das Geisterreich zurückgekehrt, aber mit dankbarem Nachrufe für alles Wahre, Schöne und Gute, das sie geleistet haben.

Das Nämliche dürften wir auch von den neueren citirten großen Geistern hoffen, die uns schon so manche heitere Stunden gewährten. Daß sie mit Vergnügen bei uns erschienen sind, läßt sich aus ihrer Herzensgüte erklären; aber ich kann nicht begreifen, daß das Geisterreich nicht alles Mögliche gethan hat, seine schönsten Zierden für sich zu behalten, und ihnen einen wenn auch nur lebenslänglichen Urlaub bewilligen konnte, es müßte denn mit dem Auftrage geschehen sein, durch Fortbildung kleiner Geister zu großen Geistern, als Werber für das Geisterreich, demselben bereinst geistig dressirte Rekruten zu verschaffen.

In allen zweifelhaften Fällen, welche über die Tragweite einer Spürnase hinausreichen, pfleg' ich übrigens immer mit dem classischen Spruche mich zu trösten:

„Es gibt viele Dinge unter dem Monde, von denen unsere Philosophie sich nichts träumen läßt!"

Ein bekehrter Papa.

Einige Tage vor meiner Abreise von Paris traf ich auf dem berühmten Kirchhofe Père la Chaise, an dem Grabmale von Abelard und seiner Heloise, durch einen glücklichen Zufall nach langer Trennung den Sohn eines Universitätsfreundes, den Baron von G., einen jungen Mann von etwa 27 Jahren, schlank, hübsch, gebildet, gutmüthig, der in düstere Gedanken versunken zu sein schien.

Unser Wiedersehen war ein recht vertrauliches auf unserer langsamen Wanderung durch diesen großen und prächtigen Kirchhof.

Eine alte, hagestolze Tante, deren Liebling er war als kühner Retter ihrer von einer Dogge mit dem Tode bedrohten Angorakatze, hatte ihm später= hin zwei herrliche Rittergüter und ein baares Ver= mögen von hunderttausend Thalern hinterlassen. Aber

„Nicht Reichthum macht glücklich,
„Zufrieden macht reich,"

singt ein altes Philisterlied zum leidigen Troste armer Teufel, und da der Baron nicht zufrieden war, so konnte er sich auch nicht glücklich fühlen, aber er blieb doch reich, sohin in der Lage, als ein reicher Mann behaglicher auf die Zufrieden= heit zu warten, als ein Habenichts.

„Aber warum bist Du denn eigentlich unzu= frieden?" fragte ich.

„Weil ich unglücklich liebe."

„Potztausend! Ein hübscher, junger und reicher Baron soll unglücklich lieben! Das ist noch nicht da gewesen!"

„Und doch ist's so! Ich liebe die Tochter des sehr vermöglichen Privatier M. in R., und werde von ihr wieder geliebt; auch die Mutter billigt diese Liebe, —"

„Liebchen, was willst du noch mehr?"

„Aber der Vater versagt mir die Hand seiner Tochter hartnäckig, und zwar aus dem einfachen Grunde, weil ich — ein Cavalier bin, und nur Gleich und Gleich sich gern geselle."

„Ei, da ist leicht zu helfen. Herr M., den ich übrigens sehr gut kenne, da wir schon oft in den Vier Jahreszeiten bei einem Glase vortrefflichen Weines zusammentrafen, darf nur die deutsche Einigkeit erfinden, so wird er gewiß tax- und stempelfrei in den Grafen- oder Fürstenstand erhoben, und mit allen auftreibbaren deutschen Orden geschmückt."

„Du kennst M.? Desto besser! Meine Amalie schrieb mir, daß sie am nächsten Montage mit ihren Eltern in München eintreffen werde, um im Gasthofe zu den Vier Jahreszeiten vierzehn Tage lang zu wohnen."

„Sehr gut! Wir reisen also am nächsten Sonnabend nach München."

„Abgemacht!"

„Und bleiben bis zur Abreise beisammen."

„Das versteht sich."

„Muth gefaßt, Freund! Ich verschaffe Dir Deine Braut!"

„Unmöglich! Ich wette —"

„Keine Wette! Du würdest sie verlieren."

„Doch, doch! Ich wette ein Dutzend Flaschen Champagner Vin des Rois."

„Einverstanden! Wir werden sie bei Deinem Hochzeitmahle trinken, zu Ehren meines glorreichen Sieges!"

Mit der größten Freude empfing Herr M. meinen Besuch, schüttelte mir herzlich die Hand, stellte mich seiner Gattin und seiner Tochter vor, und lud mich auf Mittag zu Gast, was ich planmäßig annahm.

„Sie sehen," sagte er lächelnd, „daß ich meinem Gasthofe treu bleibe, in welchem ich regelmäßig alle drei Monate vierzehn Tage lang mit meiner Familie mein Hauptquartier aufschlage, wo ich doch köstlich essen und trinken kann, während ich zu Hause im Grunde eben nur gefüttert und getränkt werde. Das hab' ich der Eisenbahn zu verdanken. Uebrigens bin ich der Meinung, daß, wenn bei der Ausstellung in London alle deutschen Gasthöfe erscheinen könnten, Schimons aus- und inwendig prächtiger Gasthof zu den Vier Jahreszeiten in München, unbestreitbar den ersten Preis erhalten würde."

„Und unter den Gasthofsbesitzern der charmante Schimon," erwiederte ich.

„Nun, da sind Sie ganz meiner Meinung, lieber Freund!"

Mittags bildeten wir ein fröhliches Tafelquartett mit köstlichen Genüssen. Als die feinen Weine ihre elektrischen Flammen durch meine Adern sprühten, sagte ich, nach einem interessanten Gespräche mit der Tochter, zu ihrem Vater:

„Ich wünsche Ihnen alles Glück zu dem Besitze einer eben so geistvollen als liebenswürdigen Tochter; ein F ü r st dürfte sich durch ihre Hand geehrt fühlen."

Der Köder war gelegt, und M. biß an.

Ein F ü r st? Da sieht man den D i ch t e r! Nicht einem Herrn von würde ich meine Tochter geben. Mein Grundsatz ist: „Gleich und Gleich gesellt sich gerne."

„Im Grunde theil' ich ganz Ihre Meinung, obgleich vor etwa einem Jahre ein trauriger Vorfall sie bedeutend erschüttert hat."

„Wirklich? Erzählen Sie doch!"

„Ein junger reicher Graf in W. bewarb sich mit Einwilligung seiner Eltern um die Hand einer schönen und reichen Bürgerstochter, deren Vater die Ehre dieses Antrages wegen der Ungleichheit des Standes dankbar ablehnte. Was geschah? Die gehorsame Tochter starb an gebrochenem Herzen, und ein halbes Jahr später folgte ihr der untröstliche Vater, vom nagenden Grame um den Verlust seines Lieblings getödtet. Am Abende des Tages der Beerdigung dieses unglücklichen Vaters und beklagenswerthen Opfers einer im Grunde doch unhaltbaren Ansicht, hörte ich aus dem Munde eines hochadeligen Herrn die Aeußerung:

„Dieser Bürger scheint mir ein Ehrenmann, weil er den Herrn Grafen durch die Versagung der Hand seiner Tochter vor manchen Verlegenheiten bewahren

wollte, in der Erwägung, daß sie bei der mangel=
haften Erziehung, die sie von ihrem Vater erhalten
haben mag, nicht im Stande gewesen wäre, in adeligen
Kreisen sich mit Anstand und Würde zu bewegen."

Ich schwieg. Die Erzählung dieser Thatsache
machte seine Augen feucht, und die Erwähnung der
mangelhaften Erziehung reizte ihn, als ein
drückender, unverdienter Vorwurf, zu tiefem Nach=
sinnen. Nun stimmte ich wieder einen heiteren Ton
an, um nicht verdächtig zu werden, empfahl mich
bald darauf, und eilte in den Rauchsalon zur Er=
lösung des dort harrenden Barons, dem ich rieth,
am andern Tage seine Bewerbung zu erneuern.

Vier Wochen später überraschte mich seine fröh=
lichste Einladung zur Hochzeit. Der Papa hatte nach=
gegeben, nur um zu beweisen, daß seine Tochter
keine mangelhafte Erziehung von ihm erhalten
habe. Bei dem Hochzeitsmahle hab' ich von dem ge=
wonnenen Champagner in Gedanken nur vier
Flaschen zur Begießung der Toaste getrunken.

Schlauchspiel = Jammerlied eines Studenten.

Nach der letzten Melodie des Karl Maria von Weber.

Als ich bin verwichen
Auf die Kneipe g'schlichen,
Kam zum Herzschlauch ich gerade recht;
Sah dort Stangen machen,
Daß mir 's Herz that lachen,
Auch gestritten wurde, und gezecht.
Und da hört' ich sagen,
Wenn ich's wollte wagen,
Gäb' der König mir sein Königreich;
Seine Schmier zu nehmen,
Müßt' ich mich bequemen,
Herzlich gerne that ich dieß sogleich.

Nichts half das Verlangen,
Diese Teufelsstangen
Flogen dutzendweise auf mich her;
Denn bemokelt haben
Diese Kartenraben,
Daß der Kopf mir wurde toll und schwer.
Ohne Stern zu sitzen,
Wegen Spatzen schwitzen,
Rothen Sans zu spielen ohne Schein,
Abgefaßt zu werden
Unter Spottgeberden,
Ist ein schlechter Spaß, den laß ich sein.

Ach viel mußt' ich blechen
Für Spectanten-Zechen,
Denen 's Bier aus ihren Augen floß;
Schlauchen laß ich bleiben,
Will's nicht wieder treiben,
Nein, da wär' ich ein Rhinoceros;
Will den Schlauch verwichsen,
Und in d'Armenbüchsen
Legen meinen Ueberfluß an Geld,
Oder ziehen lieber
Mit dem blanken Hieber,
Gegen Deutschlands Feinde in das Feld.

Vexirspiegelstrahlen:

	Seite
Vertheidigung der Crinoline	3
Die Erziehung	13
Villeggiatura	16
Tanzen	25
Heirathen	31
Königliches Hof- und Nationaltheater	44
Geld-Brozen	66
Der Tod	70
Der Kirchhof	74
Vexirspiegelscherben:	
Dichter	77
Augenzwicker	78
Das Hofbräuhaus in München	79
Sitzenbleiben	80
Theegesellschaften der Damen	82
Gasthöfe	84
Die Parisermode	85
Geistererscheinungen	86
Ein bekehrter Papa	89
Schlauchspiel-Jammerlied eines Studenten	94